U0128117

大武漢到底什麼大

梁相斌　著

大武漢，每個時期都有獨領風騷之大

作為一名出生在陝西，曾經在西安、深圳、哈爾濱、北京等城市工作過的「外地人」，初到湖北，我經常聽到「大武漢」的說法。大武漢到底什麼大？我一直在思考。我曾猜測，「大武漢」或許就是面積大吧。

在湖北工作一年後，這個問題依然困擾著我。困擾我的，並不僅僅是作為一個外地人，我不明白大武漢到底什麼大，而是許許多多的武漢人、湖北人，他們也不知道大武漢大在何處——領導外出介紹，每人一個版本；老百姓外出炫耀，一人一個說法。

「大武漢到底什麼大？」我問過很多本地人。

有人回答：「面積大。」我一查，論地域面積，武漢八千四百九十四平方公里，在全國城市中排第二十四位，在省級、副省級城市中排名第十三位，約為重慶的十分之一、哈爾濱的六分之一，僅為大慶、長春、麗水、北京、杭州的一半左右；論建成區面積，武漢四百零八平方公里，位列全國第十，尚不足上海、北京的三分之一，與廣州、深圳、天津也有較大差距。用「面積大」來解釋大武漢之大，顯然沒有說服力。

有人回答：「人口多」我再一查，武漢人口總數一千零二十二萬，連北京、上海的一半都不到，也比不上天津、廣州、深圳，比我之前工作過的哈爾濱的人口還少。可見，「人口多」也不足為證。

有的同志很驕傲地告訴我：「『大武漢』大在有三鎮。」我開玩笑說：「三鎮大嗎？一個縣都有十幾個鎮，鄉鎮、城鎮可都是鎮，這不是在說自己小嗎？」

還有的同志說：「武漢是『大碼頭』，九省通衢嘛……」但中國八大億噸以上的港口碼頭沒有武漢。

太武漢到底什麼大？這個看似簡單的問題，我請教了上茛人，竟然沒有一個人能回答得清楚。

閱資料我發現，最初大武漢並不是武漢人的自稱，有一種觀點認為，這一說法是源於孫中山先生的概括。孫中山先生曾在《建國方略》裡談道：「要把武漢建成紐約、倫敦之大，要建設成東方的芝加哥。」

說起大武漢，就不能不提起張之洞，這位大武漢理念的建立者、踐行者。在他主政的十八年間，興實業、辦新學、練新軍、應商戰、勸攻桑、新城市，大力推行「湖北新政」。先後在武漢成立了自強學堂、農務學堂、湖北工藝學堂等，還創辦了漢陽鐵廠、漢陽鐵廠機器廠、湖北槍炮廠、繅絲局、紡紗局、制麻局等一批近代工業企業，工業化水平居全國之冠，漢陽鋼鐵廠成為當時亞洲最大的鋼鐵聯合企業，「夫工業」體系已初步奠定。

在近代，曾流傳著『貨到漢口活，茶到漢口香』的佳話。據統計，一八六一年以後的六十多年間，漢口茶葉貿易占整個中英貿易九成以上；從一八七一年至一八九〇年，漢口年出口茶葉占國內茶葉出口總量的百分之六十，成為全國最大的國際性茶葉交易市場，被歐洲人稱為「茶葉港」。孫中山先生在《建國方略》中稱：「武漢者，中國最重要之商業中心也。漢口更為中國中部、西部之貿易中心，又為中國茶之大市場。」九省通衢的地理位置造就了武漢曾經的「大貿易」和茶葉「大市場」。

然而，自二十世紀九〇年代開始，隨著我國經濟的開放，東部地區部分城市的迅速崛起，武漢昔日榮光已不復存在，一九九九年，美國《未來學家》雜誌曾發表《未來的超級城市》的文章，預言中國的「大武漢」、「大上海」將進入二十一世紀全球十大超級城市之列。十幾年過去，武漢在世界超級城市的排名中仍不見影蹤，曾有的優勢競爭力也逐漸弱化。

「建設國家中心城市，復興大武漢」，近年來，武漢市委、市政府主動謀劃、主動作力，明確提出這一目標。三千億元、四千億元、五千億元……武漢經濟總量一年一個台階，二〇一二年年末已位列全國副省級城市第四位。現在

正在衝刺萬億元目標。

站在新的歷史起跑線上，尋求新起點，凝聚新力量，武漢重振雄風正當其時。

我想，無論是建設國家離心城市，還是復興大武漢，了解「大武漢」現在「大」在哪裡，把握城市的本質特徵和核心競爭力，掌握住城市發展之「魂」連能揚長避短，形成特色，持續發展，永葆繁榮，在中國乃至世界占有一席之地。

「大武漢到底什麼大？」

每天吃完飯，我都有一個習慣——去東湖邊散步，無論中午還是晚上。東湖是中國最大的城中湖，水域面積三十三平方公里，相當於六個杭州西湖。到武漢一年多來，走過東湖很多地方，卻沒有一次沿著它走過一圈，我深深感受到武漢大江大湖之大。

除此之外，武漢讓我印象最深刻的，就是文化的深沉厚重和多樣包容。

參觀湖北省博物館和荊州博物館，我感覺到，湖北是當之無愧的荊楚文化發祥地，也是楚文化的代表之地。來到琴台，看到坐落於月湖之畔、江漢之濱的武漢琴台大劇院，與始建於北宋的古琴台隔湖相望，我不禁感嘆，傳統文化與現代文化，如此完美地融為一體。還有黃鶴樓、長春觀、歸元寺、辛亥革命紀念館……遊覽這一個個景點，我不禁感嘆，武漢真可謂是一個兼收並蓄、革故鼎新之地。我深深地覺得，文化產生的巨大影響力，已成為大武漢人內在動力的重要組成部分。

二〇一二年，我組織了新華社湖北分社高級記者、經濟學博士、分析師團隊對此展開了歷時兩個多月的專題調研，從歷史、現狀和發展前景三個維度，總結了武漢的主要優勢，並通過對比研究，分析了這些優勢在國際國內相關領域的地位，形成分析報告《大武漢到底什麼大》。

武漢市委書記阮成發同志閱讀該報告後，對新華社湖北分社的做法表示高度肯定，專門撰寫署名文章，向武漢市廣大幹部群眾推薦。一時間江城上下，

政府官員、專家學者、廣大市民，紛紛參與討論「大武漢到底什麼大」，全國重點媒體均對此事給予高度關注。

二〇一四年初，在前期研究成果的基礎上，我們進一步系統總結，提煉了武漢的十大優勢大文化、大江湖、大都市圈、大交通、大商貿、大科教、大光谷、大設計、大汽車、大鋼鐵，反覆打磨，數易其稿，形成了《大武漢到底什麼大》一書。

大武漢到底什麼大，其實難以給出標準答案，更難一言以蔽之。歷史上之大和今天之大，除了大江湖、大文化的傳承，其他各時期各有不同。比如大工業，張之洞時期和新中國成立初期，在當時確實獨領風騷。隨著全國經濟格局調整和自身經濟發展，今天大武漢的「大」，也會不斷變化調整。我們將此命題集結成冊，不是要給「大武漢」的「大」以固定的答案，而是想以此啟發人們的思維，激發人們的討論，使人們經常朝著這個方向去思考，努力發掘城市的核心價值，著力打造城市新的「大價值」，建設名副其實的「大武漢」。

二〇一四年十月

目 ——— 錄

大武漢，每個時期都有獨領風騷之大

文化是一個民族的根，一個城市的魂，其力量深深熔鑄在民族和城市的生命力、凝聚力、創造力之中，關係到強國之末、強市之基、富民之路。文化與經濟、政治相互滲透、相互促進，是一個國家或城市經濟社會發展的動力源泉之一。任何一次社會進步和變革都有其深刻的文化淵源和內在的文化推動力。泱泱大武漢，自古就以海納百川、有容乃大的胸懷和氣度，從中西方先進文化中汲取營養，集百家思想之長，匯各派文化之大成，相容並包，融會貫通，形成自己別具一格的文化風貌與品格。

第一章　大文化

江河湖海是人類文明的搖籃，水是城市賴以生存和發展的重要物質資料和戰略資源。古今中外，許許多多城市，皆是因水而生、依水而興——埃及的開羅、亞歷山大，伊拉克的巴格達，印度的新德里，中國的西安、洛陽……不論是長江、黃河流域，還是印度河、恒河、尼羅河和「兩河」流域，都依水興起無數歷史名域，水孕育了璀璨的江河文化和多姿多彩的人類文明。

第二章　大江湖

隨著城市的不斷擴張，國內外不少城市的土地、淡水等戰略性資源減少，環境承載力下降，城市發展面臨嚴重的資源環境瓶頸。而坐擁土地、淡水等豐富戰略資源的武漢，得益於強大的資源環境承載能力，城市發展空間巨大。同時，隨著武漢開始實施建設國家中心城市和國際化大都市的重大戰略機遇，武漢在國家發展大局中的地位不斷提升，武漢的大發展正當其時。

第三章　大都市圈

武漢扼南北之樞紐，居東西之要津，自古便可西入巴蜀，東達吳越，北上豫陝，南抵湘桂，被稱為「九省通衢」之地。一九○六年，張之洞在武漢修建的（北）京漢（口）鐵路建成通車後，量身中國水陸兩大交通動脈交叉點上的武漢，其舟輯之利、列車之便，自此相得益彰。

第四章　大交通

商貿流通是聯結生產和消費的橋樑和紐帶，既引導生產、保障供給，又創造需求、促進消費，還提供就業、惠及民生。武漢自古就是中國的商貿重鎮、通商口岸，「貨到武漢活」的說法一直延續至今。隨著綜合交通體系的不斷完善，武漢的商貿物流優勢更加突出。

第五章　大商貿

科學技術是第一生產力，人是生產力中最革命、最活躍的因素。放眼全球，眾多因科技而興盛的城市，在新經濟時代發展得更快、更有活力、更有朝氣。如美國的波士頓，通過實施創新驅動型城市發展戰略，實現了從美國「工業革命搖籃」向創新中心的華麗轉身；帕羅奧多則因與「矽谷」和眾多國際頂級高校毗鄰，在短短數十年間，從無名小城一躍成為享譽全球的高科技研發中心。

第六章　大科教

世界一流的高精度等離子切割機、四個國際電聯標準，中國第一根光纖、第一個光纖傳感器、第一台半導體雷射器，中國第一家國家級的光電子產業基地……這些「第一」都有一個共同的誕生地——中國光谷。光谷，已成為武漢科技創新的制高點、中國IT行業的新一極，為武漢市經濟快速發展裝上新的引擎。

第七章　大光谷

勘察設計行業作為典型的高科技、低碳產業，具有高技術密集、高智力集成、高附加值、強產業帶動力、高社會貢獻度等特徵。如今，工程設計產業不但為武漢聚集了大量的國際、國內頂尖設計資源和人才，還將成為銜接建築、水利、機械等相關產業的有力紐帶。充分利用和發揮勘測設計行業優勢，逐步變過去在國內、國際工程承包中的勞務輸出為技術、設備、甚至整體解決方案的提供。以此來開拓國內國際市場，不僅有利於推動"設計走出去"，還有利於帶動武漢市的機械、電子、製造等相關產業的發展，凸顯武漢市"設計+製造"的集成優勢，並為城市、地區乃至國家的轉型發展提供一種新的戰略思路。

第八章　大設計

世界汽車產業發展的未來在中國，中國汽車產業今後十年的重點主要看中西部，當前中國中西部地區正在加速推進工業化和城市化，已經成為全球最具增長潛力的汽車消費市場，汽車製造商加快向中西部聚集。在這一趨勢中，武漢正處於國家長江經濟帶和京廣線兩大主軸戰略的交會點，是全球資本進入中國中西部地區的支點，日益成為全球汽車產業新的聚集地。

第九章　大汽車

鋼鐵是重要的工業原材料，鋼鐵工業是國民經濟的重要基礎產業，涉及面廣、產業關聯度高。從一百多王軍前的「漢陽造」到如今的「武鋼」，武漢作為傳統的鋼鐵製造業基地，目前又著力打造中部現代製造業中心，對鋼鐵及其製品的需求不斷增大，上下游產業鏈的延伸空間更加廣闊。鋼鐵及上下游產業，對於武漢的產業發展、城市發展，發揮著不可磨滅的作用。

第十章　大鋼鐵

後記

第一章 大文化

文化是一個民族的根，一個城市的魂，其力量深深熔鑄在民族和城市的生命力、凝聚力、創造力之中，關係到強國之本、強市之基、富民之路。文化與經濟、政治相互滲透、相互促進，是一個國家或城市經濟社會發展的動力源泉之一。任何一次社會進步和變革都有其深刻的文化淵源和內在的文化推動力。泱泱大武漢，自古就以海納百川、有容乃大的胸懷和氣度，從中西方先進文化中汲取營養，集百家思想之長，匯各派文化之大成，兼容并包，融會貫通，形成自己別具一格的文化風貌與品格。

　　當你真正讀懂了這應城市，你就不難理解，武漢文化之所以稱為大文化，並不是基於「大武漢」的邏輯推論，而主要是對武漢文化的內涵、品格及規模的考察概括。武漢的大文化有色、有聲，惹人遐思：大文化的色調五彩斑斕，載錄著古代大禹治水、屈子行吟、伯牙鼓琴、李白放歌、木蘭從軍的美妙佳話；大文化的旋律慷慨激昂，上演了辛亥首義、「二七大罷工」、北伐戰爭、武漢抗戰的壯麗史詩。作為盤龍之城、黃鶴之鄉、明清重鎮、近代「東方芝加哥」，大氣、厚重的「大文化」自然而然地成為了「大武漢」的精神品格。而今，隨著國家發展格局的演變和推進，武漢的大文化更有了新的詮釋與創新，日益成為大武漢復興的精神動力和智力支持。

一、積澱深厚的文化底蘊

源遠才會流長，根深方能葉茂。武漢文化之大，首先體現在：它悠久的歷史與豐厚的積澱。豐富的歷史文化資源，是武漢市一筆巨大的文化財富。一九八六年，國務院公佈武漢市為第二批國家級歷史文化名城之一。中國歷史文化名城桂冠的獲得，就是國家對武漢歷史文化地位的認可。

武漢地處華中腹心，連接四面八方，加上依傍長江漢水，具有得天獨厚的地理區位。和山城重慶、蓉城成都、春城昆明一樣，武漢市也有一個屬於自己的別緻的名字──江城。它得名於唐代大詩人李白「黃鶴樓中吹玉笛，江城五月落梅花」的名句。武漢人非常喜愛「江城」這一佳名，於是自號為江城人。

除江城之外，武漢是「水城」，江河湖泊縱橫交錯，星羅棋佈，水域面積占市域面積的四分之一，使武漢自古就是長江流域文化與黃河流域文化連通的橋樑，吳越文化、巴蜀文化、中原文化以及嶺南文化等區域文化融合的紐帶；

武漢是「古城」，有三千五百年城市文明傳承史，特別是在中國近現代史上，因為有了武漢，才更加多了幾分激情與活力；

武漢是「詩城」，從李白、崔顥、孟浩然，一直到偉人毛澤東，都在這裡留下大量流傳千古的詩篇；

武漢長江大橋

　　武漢還是「橋城」，坐擁大小橋樑一千兩百多座。

　　這些名稱不僅反映了武漢地區的歷史文化發展淵源，而且令武漢充滿了詩情畫意和文化魅力。

　　「漢陽人」頭蓋骨化石的發現，表明在距今五萬到一萬年的舊石器時代，武漢地區就有先民的存在。在武昌放鷹台等地發現並出土的大量文物和墓葬遺址，證明武漢地區在新石器時代已經成為人類聚集生活的地方。

　　特別是市郊黃陂塘內發現的商代盤龍城遺址，承載了武漢三千五百年的城市歷史之源，開啟了江城文明之光，也是迄今我國發現及保存最完整的商

代古城。其中，般般件件的殷商青銅器皿展示著當時製造業的巔峰水平，亦為中國歷史所罕見。

三國時期，在武昌和漢陽築有夏口城和卻月城，唐代時已是著名商埠，明清時為全國「四大名鎮」之一。

在中國漫長的歷史中，都有物化的痕跡遺落於武漢三鎮：漢陽城北的龜山和武昌蛇山夾江相對峙，形勢十分險峻，不僅為兵家必爭之地，還留下大禹治水至此遇靈龜相助的傳說，從另一個側面論證了武漢歷史的悠長；

頭戴峨冠、滿腔憂憤的愛國詩人屈原，戰國末期曾行吟在武漢東湖一帶，留下了行吟閣、滄浪亭

東湖端午祭活動

等名勝古蹟，為國務院首批命名的國家級風景區東湖增添了雋永韻味；

巾幗英雄花木蘭的傳奇故事發生在武漢黃陂北鄉、以木蘭山為中心的木蘭生態旅遊區一帶，素為生態良佳、人文薈萃之地；

近現代史的轉折性劇變使三鎮遍佈革命勝跡，一九一一年辛亥革命首義於此，現存的起義門舊址、武昌閱馬場的紅樓和孫中山的紀念銅像無言地訴說著當年辛亥革命黨人的英勇悲壯；

中國工人運動史上著名的「二七」工人大罷工，留下了施洋烈士墓、林祥謙就義處等多處遺跡供後人憑弔；

位於漢口鄱陽街的八七會議會址紀念館，成為中國由大革命失敗到土地革命戰爭興起的轉折點的見證；

號稱江南三大名樓之一的黃鶴樓，以及歷史悠

「木蘭，朱氏女子，代父從征。今黃州黃陂縣北七十里，即隋木蘭縣。有木蘭山、將軍冢、忠烈廟，足以補《樂府解題》之闕。」——明焦竑《焦氏筆乘》

黃鶴樓

久的歸元寺、長春觀、高山流水覓知音的古琴台等，都是武漢極負盛名的標誌性歷史文化景點。

縈繞於斯的楚文化、黃鶴文化、東湖文化、佛教文化、道教文化等，都浸潤著這裡的一草一木。武漢的歷史和文化，就物化在這殘垣斷壁、亭台樓閣與山川湖泊之中。

武漢市是一個文物資源豐富的城市，按照級別劃分，武漢市有全國重點文物保護單位二十九處，省級文物保護單位八十五處，市級文物保護單後一百六十七處，區級文物保護單位一百四十四處。按照文物保護單位的類別劃分，武漢市域內有古文化遺址五十三處、古墓葬二十二處、古建築三十六處、石窟寺及石刻六處、近現代重要史蹟和代表性建築一百六十四處。除此以外，還有市政府公佈確認的一百四十七處優秀歷史建築以及數以千計的館藏文物。

在不可移動文化資源中你會發現，既有巴公房子、曇華林等武漢人耳熟能詳的優秀歷史建築，也有汪家畈遺址、楊家灣遺址等一批在江夏、黃陂等遠城區新發現的古遺址，還有代表漢派商貿文化的東來順飯店舊址、老會賓酒樓舊址、初開堂藥店舊址等一批江城老字號也被納人其中。

與武漢的物質文化遺產一樣，武漢非物質文化遺產也十分豐富。在二〇〇六年六月九日中國首個「文化遺產日」，武漢市非物質文化遺產保護中心、武漢市非物質文化遺產展覽舉心在武漢市群眾

陳伯華(1919.3-)女，農曆己未年出生，湖北武漢人。湖北漢劇旦角。一級演員。代表作《宇宙鋒》、《二度梅》、《櫃中緣》、《三請樊梨花》等，已被拍攝成電影、電視藝術片。圖為陳伯華與梅蘭芳在一起研究表演藝術

藝術館掛牌成立，非物質文化遺產保護工作在原有民族民間文化保護工作的基礎上取得了豐碩的成果。

截至目前，共有九十九個項目進入武漢市非物質文化遺產名錄，其中漢劇、楚劇、木蘭傳說等十二項入選國家級非物質文化遺產名錄，黃鶴樓傳說等三十四項入選湖北省非物質文化遺產名錄；

有八十四人入選武漢市首批非物質文化遺產項目代表性傳承人，其中著名漢劇表演藝術家陳伯華等十一人被認定為國家級非物質文化遺產項目代表性傳承人，四十五人被認定為省級非物質文化遺產項目代表性傳承人；

武漢洪發高洪太銅響器有限公司等十三個單位，被確定為武漢市非物質文化遺產生產性保護示

範基地，其中武漢高龍非物質文化遺產傳承園等三個單位被確定為湖北省非物質文化遺產生產性保護示範基地。

在非物質文化遺產目錄中，作為武漢民間文化瑰寶的黃鶴樓傳說，蘊含著深厚而豐富的仙道文化、民間智慧、文人流韻等傳統文化內涵；

馬應龍創始人馬金堂摸索總結出的一套獨特眼藥製作技藝，距今已有四百多年歷史，其擇優相傳的製作技藝至今猶披著神祕的面紗；

始創於清朝順治年間的歸元寺廟會，經過三百多年不斷演變，成為集佛教文化、民俗文化、商貿文化、飲食文化於一體的盛會，在春節前後吸引武漢三鎮百萬民眾參與，成為武漢一張具有濃厚民俗風味的文化名片。

對於文化而言，越是民族的，就越是世界的。漢味濃郁的漢繡和漢劇、楚劇，可以視為武漢文化

二〇一四年春節歸元寺廟會

漢繡服援展

畫卷中的耀眼亮色，堪稱世界瑰寶。

二○○八年，漢繡被列入第一批國家級非物質文化遺產名錄，引起了社會各界的廣泛關注。武漢漢繡繡品千種規格、萬種花樣，與溫文爾雅的蘇繡、清新淡麗的湘繡相比，武漢漢繡以粗獷濃豔而獨樹一幟。

同時，漢劇作為國家級非物質文化遺產，是國粹京劇的主要來源之一。漢劇有上千個傳統劇目，現存劇目仍有六百六十多個，主要演出歷代演義及民間傳說故事。

在武漢申報的非物質文化遺產名錄中，楚劇與況劇同樣榜上有名。楚劇舊稱「黃孝花鼓」、「西路花鼓」，約有一百多年的歷史，是在黃陂、孝感

漢劇劇照

一帶的竹馬、高蹺等民間歌舞及鄂東的「哦呵腔」的基礎上發展形成的。楚劇具有題材廣泛、通俗易懂、生動活潑、鄉土氣息濃厚的特點，深為廣大群分喜聞樂見。

武漢文化兼容並蓄、海納百川的稟賦，不但孕育了漢劇、楚劇，也以寬廣的胸懷接納了京劇、越劇、豫劇、評劇、話劇、兒童劇、歌舞、雜技、曲藝、交響樂等眾多藝術品種，令變一種藝術在江城都有一方屬於自己的舞台。

真正有特色的文化，往往是為尤眾所喜聞樂見的文化。群眾性文化一旦形成並繁盛到一定程度，又會昇華為城市的特色文化，成為城市發展的不竭動力。武漢文化的漢味濃郁，就因擁有深厚的群眾

何祚歡表演湖北評書

基礎而顯得市民化、大眾化，充滿著緊接地氣的生機與活力。

比如流佈於武漢、沙市、宜昌等長江沿岸城市的湖北評書，就是用湖北方言講故事。湖北評書的繁榮發展開始於清同治年間。至光緒年間，洋務派在武漢建立大型工業，修建京漢鐵路，市鎮經濟有了發展，人口驟增，使評書有了大量聽眾。湖北評書講述風格幽默酣暢，語言流暢、華麗，描繪景物時常用韻律迴旋有致的駢體，與敘述、對話時使用的生動口語輝映成趣。

還有湖北大鼓，其與湖北評書不同，以唱為主，夾以說白，以鼓板為主要樂器，演員邊擊鼓迪唱說，風趣幽默，通俗易懂。張明智就是當今最為著名的湖北大鼓表演藝術家。

再如雜技這項發軔於民間的群眾文化藝術，也

一九六三年，夏菊花在古巴演出的《頂碗》

是武漢文化大觀園中的奇葩。雜技起源於民間雜
耍，一九五三年武漢雜技團的建立，對武漢雜技的
雜技團先後編創了《頂碗》、《椅子造型》、《車技》
《跳板》、《雙層定車》、《跳台晃板婷技巧難度高、
動作優雅美觀、驚險動人的優秀雜技節目，在國際
比賽中多次捧回大獎，培養出了夏菊花、李莉萍等
著名雜技演員，在國內外享有盛譽。以高難度和權
威性而享譽世界雜壇的中國武漢國際雜技藝術節，
是與摩納哥蒙特卡洛國際雜技節和法國巴黎國際雜
技節等齊名的四大國際雜技節之一，成為我國雜技
演藝界的盛會。

　　另外值得一提的是，武漢素有「火爐城」和
「江城」之稱，長江穿城而過，加之夏季異常炎
熱，由此在武漢市民中產生了大規模的橫渡長江活
動和獨特的夏夜納涼活動。這兩種具有廣泛群眾基

礎的獨特文化活動，進而形成為相對固定的國際渡江節和「武漢之夏」，成為武漢新的城市文化名片。

二、多元複合的文化基因

大武漢之大，本質上取決於這座城市所具有的開放包容的文化內核。武漢地處華中腹心，又號稱「九省通衢」，先天的地理優勢為文化的多元複合創造了有利條件。

「海納百川，有容乃大」，恰好詮釋了三鎮文化的有機融合與包容。就武漢文化內部看，它是由武昌、漢口、漢陽三鎮文化組成的，而歷史上，武漢三鎮起源不同、功能不同，居民的職業、社會地位、價值觀念與行為方式也不一樣，其文化內涵與特色也不盡相同。

武昌之名始於東漢末三國初，孫權為了與劉備奪荊州，於西元二二一年把都城從建業（今南京）遷至鄂縣，並更名為「武昌」，取「以武治國而昌」之意，武昌之名是與今鄂州市互換的。

從考古發掘來看，新石器時期的水果湖放鷹台和南湖老人橋、洪山區花山鄉的許家墩和棋子墩等處，就是古人在武昌的棲居之地。舊日時的武昌手工業發達，以造船、冶金、鑄造錢幣為主，武昌的陶瓷名叫「影青瓷」。

另外，在武昌最值得一提的事情就是黃鶴樓的

放鷹台

屢次興廢，從三國時期至今已歷十餘次，每次重建都呈現出不同的風貌，反映出大武漢歷史的變革與興廢。特別是元明以來，武昌作為湖廣行省與湖北省省會而日益成為政治文化中心。

漢陽得名於西元六〇六年（隋朝大業二年）改漢津縣為漢陽縣，唐代將縣治由今蔡甸區臨嶂山移至漢陽市區後迅速發展起來。

漢口鎮興起於明末，清初迅速成為一座新興商埠，「十里帆檣依市立，萬家燈火徹宵明」，商業和知名度遠遠超過了武昌和漢昭。至清朝康熙年間，漢口已與河南朱仙鎮、產東佛山鎮、江西景德鎮並列為全國四大名鎮，「居民填溢，商賈輻輳，為楚中第一繁盛處」由此形成獨有的商貿文化。

清朝末年，湖廣總督張之洞於一九〇五年在漢口修築張公堤。這條堤對降低後湖一帶的水位，使荒湖野洲形成陸地，為起初務小的漢口面積擴建提供了便利條件，大武漢自此從體量上更具規模。

一九二七年年初，武漢國民政府將武昌與漢口（轄漢陽縣）兩市合併作為首都，並定名為武漢。新中國成立後，三鎮納入統一建制，但由於基本保持了舊有的城市功能分區，石鎮不同的文化分野在融合趨同的過程中依然得以延續至今。

人不僅是文化的創造者，也是文化的負載者。人口的流動實際上就是人們將自己創造、認同的文化進行異地傳播的過程。從古至今，商品、人口、信息的流動，不斷地將中原文化、秦晉文化、巴蜀文化、湖湘文化、嶺南文化、吳越文化、江淮文化、江右文化及齊魯文化等帶到武漢。清代漢口就被稱為「車鄉人少異鄉多」，習俗「雜有吳越川廣之風」。

在武漢，三代以上為本地土著居民者很少，說武漢是一座移民城市毫不為過。因此，作為一個開放的累統，武漢這座城市在文明進程中吸引著全國各地的農工商人員，基本上形成了一個以移民為主體的社會，長期大量的移民和人口流動進一步增強了武漢文化的開放包容性。

十九世紀令葉武漢開埠後，隨著對外貿易的發展、外國租界的開闢、現代工商業的興辦、新式教育體系的創立，人口迅速集結，城市內萬商雲集，工業、交通、商業、服務行業吸引了大量勞動力，移民人口來自皖、贛、川、豫等省及湖北境內各州縣，外國人也聯翩而至，昔日五六十萬人口左右的市鎮到抗戰前夕的一九三七年已發展成百萬人口的

張之洞

張之洞(1837-1909)，字孝達，號香濤，晚年自號抱冰老人，河北南皮人，晚清重要政治家，洋務派首領。張之洞與曾國藩、李鴻章、左宗棠並稱晚清「四大名臣」。

大都會。就這樣，武漢成為西方文化及各種新思潮在帶國內地傳播的平台。

在各種文化思潮的碰撞中，新型知識分子的形成，武昌首義的爆發，五四新文化運動的興起，打下了武漢融會中西、博採眾長的思想文化基礎。一九四九年五月，武漢解放更使城市發展迎來了新的紀元。改革開放以來，移民文化推動武漢人的創新意識得以充分展示，特別是一九九二年被批准為對外開放城市以來，武漢國民經濟快速發展，城市功能顯著增強，人民生活質量和水平明顯提高，城市人口大幅增長。

二〇一三年年底，常住人口已達一千零二十二萬，戶籍人口八百二十二萬，大量外來遷人人口及流動人口，給武漢城市文化帶來了移民文化的開拓進取、兼容並蓄的基因，鑄就了武漢文化的多元並存、有容乃大的品格。

武漢在吸收融合外來文化形成自身文化的同時，也給國內不同地域文化乃至外國文化在武漢的流傳提供了寬鬆的環境。單就飲食文化方面的表現就足以證明此點。南方的米，北方的面，川渝的辣，閩浙的甜，薈萃在一起，構成「舌尖上的武漢」。多樣化的飲食，鮮活的市民氣息，使得武漢有「早嘗戶部巷，夜吃吉慶街」之說。武漢的早點種類繁多，做法巧妙，價格便宜，分量較足。

武漢作家池莉曾經在其作品《熱也好冷也好活著就好》裡談及過武漢的早點：「老通城的豆皮，

一品香的一品大包，蔡林記的熱乾面，談炎記的水餃，田恆啟的糊湯米粉，厚生里的什錦豆腐腦，老謙記的牛肉枯炒豆絲，民生食堂的小小湯圓，五芳齋的麻蓉湯圓，同興里的油香，順香居的重油燒梅，民眾甜食的汰汁酒，福慶和的牛肉米粉……」

武漢四大名早點，依次是蔡林記的熱乾面、五芳齋的湯圓、四季美的湯包、老通城的豆皮。其他的特色小吃有面窩、糊湯粉、歡喜坨、糯米雞，等等，更有多種湯粉、面條、蒸餃、包子等。

武漢文化的多元性還表現在宗教信仰方面，佛教、道教、基督教、天主教各有信眾，互不相擾。作為一座多民族聚居、多宗教並存的城市，武漢有佛教、道教、伊斯蘭教、天主教、基督教，主城區至今保留下來的或重新修建的宗教場所達四百八十五處。

其中，佛教有歸元寺、寶通寺、蓮溪寺、古德寺、鐵佛寺、棲隱寺、龍華寺、卓刀泉寺；道教有長春觀；伊斯蘭教有民權路清真寺、江岸清真寺、起義門清真寺、馬家莊清真寺；天主教有上海路堂、花園山堂、顯正街堂、柏泉堂；基督教有榮光堂、救世堂、武昌堂、崇真堂、聖光堂、青山堂。這二十三處寺觀堂，是我市目前重要的宗教活動場所。武昌歸元禪寺、寶通禪寺、蓮溪禪寺、正覺寺（後為吉德禪寺）並稱為武漢佛教「四大叢林」。

與此同時，武漢多元複合的文化基因中內蘊了敢為人先、追求卓越的城市精神，不斷昇華著文化

的境界與品位。

自元明以來，武昌相繼成為湖廣行省與湖北省省會，元代湖廣行省轄區甚至囊括今湖北省一部、湖南、廣西、貴州、海南等廣袤地域，受政治行政中心的影響，武漢成為上述地域的文化中心。

近代以後，特殊的歷史機遇還將武漢推到中國歷史的前台，讓武漢在關係中國命運的一系列重大事件中扮演重要角色。從此，武漢風雲際會，逐漸向綜合性多功能現代化城市演變，城市精神也在城市歷史變遷中不斷豐富和彰顯。

武漢人敢為天下先，打響了推翻兩千多年君主專制，建立民主共和制國家的第一槍，掀起全國反清獨立浪潮，打開了思想解放的閘門，其愛國、民主、拚搏和創新精神永遠激勵著後人；

武昌起義門

作為「二七」工人運動的發祥地，施洋、林祥謙等烈士血灑江城，憲烈們堅定的革命立場、勇氣和大無畏犧牲精神，鍛造了武漢人鋼鐵般的意志和品格；

　　抗日戰爭初期，武漢一度成為全國抗戰指揮中心，國共兩黨合作抗戰的大本營。周恩來稱「武漢是中華民國的誕生地，是革命北伐時代的最高峰，又是全中華民族抗戰的中心」。此時的武漢吸引了大批愛國知識分子。他們面對外敵侵凌、國家危難的局勢，不約而同地沒出了「到武漢去」的呼聲。

莨義廣場的孫中山型像

漢口街頭軍隊

在一年多時間裡，華北、華東各地千餘名作家、藝術家及其他文化工作者投奔武漢，忘我開展各種文化抗戰工作，使武漢一時成為全國抗戰文化的中心。

《保衛大武漢》的激昂歌聲響徹在武漢三鎮的上空：「熱血沸騰在鄱陽，火花飛進在長江，全國發出了暴烈的吼聲。保衛大武漢武漢是全國抗戰的中心，武漢是今日最大的都會，我們要堅決地保衛著她，像西班牙人民保衛馬德里。粉碎敵人的進攻，鞏固抗目的戰線，用我們無窮的威力，保衛大武漢」

一九五四年和一九九八年；武漢兩遇特大洪

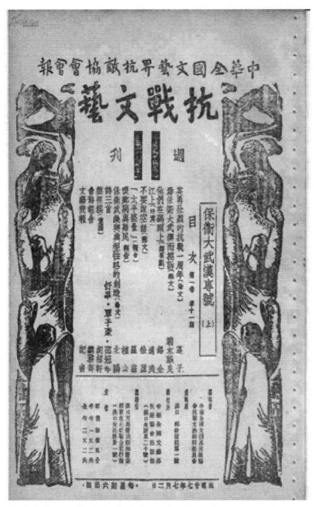

抗戰文藝——保衛大武漢專呈（民國 27 年 7 月 9 日）

水，江城人民齊心協力縛蒼龍，鑄就了可歌可泣的偉大抗洪精神。就這樣，從首義精神到二七精神，再到抗戰精神，繼而到抗洪精神，一代又一代的精神傳承，深刻地融入了武漢敢為人先、追求卓越的城市精神之魂。

武漢大學大門

三、蓬勃發展的現代文化

　　教育與文化相伴相生，沒有教育支撐的文化不能說是大文化。大學文化作為城市文化中的精英文化，具有先導性、創新性、綜合性和獨創性的特點，能夠發揮引領和創新城市文化的作用。一個城市要提升文化品位，增強文化競爭力，擴大知名度，需要大學文化的引領。武漢之所以有大文化的底氣，還根源於武漢是公認的「大學之城」。

　　自晚清民國以來，武漢就是中國高等教育發達的城市，發達的高等教育吸引了一代又一代的有識之士來到武漢學習工作。新中國成立後，武漢高等

武漢大學慣花盛開時節

院校的數量和質量有了根本性提高。經過幾十年尤其是改革開放蘭十多年的發展，現在的武漢高等教育蓬勃發展，呈現出繁花似錦的局面。

截至二〇一三年年底，武漢地區共有普通高等學校八十五所，擁有一百一十八萬在校大學生和研究生，以及數量約十萬人的教職工，二者合計占當前武漢城區總人口約五百五十五萬人的百分之二十二，使武漢成為全國文化科技人才高地，極大地提高了武漢城市人才競爭力。

武漢科教實力名列全國第三，是華中地區的科教中心，首要原因就是武漢的大學學科門類齊全，人才薈萃，具有跨學科研究的優勢，擁有比較完善的相應配套服務沒施違我國科學研究尤其是基礎理論研究的重要陣地。

除了有包括武漢大學等名牌大學在內的幾十所高等院校之外，武漢還有郵科院、中科院病毒所、

水生所、七百一十七所等科研院所，武漢光電國家實驗室（籌）等國家重點科研機構有一百零四所，企業研發機構達到四百多家與大學一起共同構成武漢科技創新的人才隊伍和研發基地。

在新的歷史時期，大武漢開放包容的文化基因得到了很好的傳承與彰顯。武漢各高校通過校際合作、互邀講學、交換訪問學者、出國留學、招收留學生、召開學術會議、發表科研成果等形式，成為武漢與外地尤其是海外文化交流的主要平台。

例如武漢大學與三十六個國家和地區的二百六十三所大學、科研機構建立了合作關係，人員往來、成果交流頻繁。讀校是中國最早接收外國留學生的院校之一，從二十世紀五〇年代起，六十多年

華中師範大學大門

來，武漢龍學共接收培養了來自世界五十多個國家和地區的數千名留學生，其中有不少留學生經過系統學習，獲得了武漢大學頒發的學士、碩士和博士學位，個別校友成為本國政要或傑出人物。

華中師範大學每國內許多重點院校、科研機構建立了合作關係，與美國、德國、日本、俄羅斯、法國、新西蘭、澳大利亞、韓國、越南等七十多個國家的一百多所大學建立了校際交流關係，開展廣泛的學術交流與科研合作。學校常年聘有外籍專家和教師在校任教。近幾年，學校經常派出人員到國外留學深造，還有一批教師活躍在國際學術講壇上，為促進中外科技、文化教育交流作出了貢獻。學校建有專門的國際文化交流學院，負責招收和培養各種層次的留學生，推進國際漢語教育。

江漢大學是武漢市一所比較年輕的大學，也已與美、英、法、德、日、加、韓等國的高校和教有組織建立了良好的學術交流與合作關係。

武漢各大學頻繁的高層次文化交流，擴大了所在城市武漢在世界的知名度和影響力，增強了武漢城市文化的開放性、包容性和多元性，同時也提升了武漢城市的現代化和國際化水準。

研究證明，當今世界重大科技成果發明，有一半以上是由大學科研人員完成的。隨著武漢市科教興市戰略的提出，東湖高新技術區的創建，特別是二〇〇九年國務院批復東湖高新區建設國家自主創新示範區，武漢成為繼北京之後全國第二個擁有國

江漢大學

家級自主創新示範區的城市之後，武漢文化迎來了與時俱進、充滿創新活力的新契機。

武漢各高校不僅利用自身科技研究成果與當地企業合作，建立產學研聯合實體，直接將科研成果轉化為現實生產力，而且通過輸送大批專業技術人才和文化創新人才，助推武漢高科技產業和創意產業的發展。

作為傳統的工業強市，武漢近年來立足科教資源發展文化新業態，催生了新的文化產業迅猛發展。武漢市順應文化創意產業是朝陽產業這一發展趨勢，積極扶持文化創意產業發展，承諾各城區文化園區建設的財政投入「市區對半」承擔，激發了各區建設文化園區的積極性。

僅在洪山區轄區內，就聚集了幾十所大學，在

校師生近五十萬人，每年畢業生人數達到十餘萬，是全國第二大科教智力密集區，也是武漢市創意人才和創考產品消賣最集中的區城，為發展壯大創意產業提供了良好的基礎和理想的環境。該區以此為依托，提出了建設珞獅路創意大道，聚集以出版、傳媒、軟體、動說，設計、翻譯、農業創意教育培訓等為主的創產業的思路。

截至二〇一二年年底，全市建成運營的文化創意園區共二十一個。園區占地總面積九點一二萬畝，累計投資二百九十三億元，入駐企業一千三百九十八家，實現經營收入二百五十三億元，吸納就業人數二百二十七萬人。

「雙陽造」文化創意產業園

「雙陽造」文化創意產業園區由航太科工武漢覆電有限責任公司（824 廠）老廠改造而成，重點發展新聞出版、影視傳媒，動漫遊戲、研發設計、軟體發展，文化娛樂等產業項目，二〇一三年，園區入駐企業達到八十多家，實現增加值四億元。同比增長百分之百。

譚鑫培公園以祖籍武漢江夏的著名京劇表演藝術家譚鑫培為文化淵源，公園內包括譚鑫培祖居（博物館）、明清仿古街、譚鑫培大劇院等項目，實現了京劇文化與文化商業的有效融合。

在二〇〇九年武漢市實施的新興產業振興計劃中，動漫產業位列其中，出台了支持動漫產業發展的指導意見和實施方案。二〇一〇年，研究制定了《武漢市「十二五」動漫產業發展規劃》。啟動了動漫產業專項資金，扶持優秀動漫產業項目。

其中，中國光谷創意產業基地重點發展動漫網遊等數字創意產業，吸引入駐企業一百餘家，多次

《福星八戒》動畫

承辦中韓電子競技國際賽事 IEF 數字娛樂嘉年華，
獲團中央掛牌「中國青少年創意實踐基地」。

江通動畫公司是武漢市的龍頭動漫企業、國家
文化產品出口重點扶持企業，原創動畫片《福星八
戒》系列在央視熱播，二〇一一年江通動畫與法國
達高集團合作的動畫電視劇《加菲貓》、原創動畫
片《餅乾警長》等佳作相繼登陸央視。二〇一一年
「十一」黃金週期間，江通動畫紀念辛亥百年的獻
禮動畫電影《民的 1911》、瑪雅動畫的《闖堂兔大
電影》亮相國內各大院線，實現了武漢動畫的全媒
體運營。

「武漢設計」已經取得了舉世矚目的成就，誕
生了世界最大的水利樞紐工程、世界斷面最寬的海
底隧道、世界跨度最大的公鐵兩用大橋、長江第一
橋、長江第一隧、國內首座跨海大橋得天獨厚的工
程創意設計優勢，需要轉化為優勢產業。

二〇一一年，武漢舉辦了首屆武漢設計雙年
展，來自長江水利、園林建築、市政工程、鐵路勘
察、橋樑設計等不同的設計單位都展示了各自領域
的頂尖設計作品，也相互交流了設計理念與心得，
同時擴大了「武漢設計」的影響力。

下一步，武漢還將依託在武漢的設計院所和龍
頭企業，積極建設東湖工程說計城、沌口工程設計
產業園、金銀湖工程投計產業園等一批重點園區，
建設漢口三陽路、漢陽月湖、王家墩 CBD，武昌
中南路、武漢新區五個工程設計產業片區，以服務

製造業的高端工程設計為重點，促進工程設計產業提升，培育國際品牌，力爭在「十二五」期末，將工程設計培育成千億產業，打造「中國工程設計之都」。

進入二十一世紀以來，武漢文化基礎設施建設得到大力推進，興建了一批標誌性建築，成為武漢文化形象的集中展示。如武漢博物館、光谷動漫城、武漢影城、武漢青少年宮音樂廳等。

為迎接第八屆中國藝術節在漢舉辦，武漢市相繼修建了二十三處場館，總投資達四十一點五億元，其中包括武漢琴台大劇院、琴台音樂廳、中南劇場、武漢美術館等。通過市直文藝院團空間佈局調整，市直各文藝院團基本實現了「一團一場、一團一景」目標。同時，歷史名城保護「盤龍城商代遺址保護工程」、「武昌辛亥首義園建設工程」、「月湖文化藝術中心建設工程」等重大工程陸續開工並如期完成。

面對全球化的潮流，武漢絲毫沒有懈怠，始終把提升城市文化形象、增強文化軟實力擺在發展戰略的重要位置，大力實施走出去戰略，不斷為打造國際性大都市發力。

二〇一三年一月，武漢旅遊形象宣傳片亮相紐約曼哈頓時報廣場「中國屏」，每天滾動播放，推廣武漢國際旅遊城市形象。二〇一四年六月十三日，「武漢之窗」在法國巴黎中國文化中心正式開啟。下一步，武漢還將把文化窗口開設到美國芝加

哥、澳大利亞悉尼等地。

隨著二〇一三年五月啟動的武漢國際化水平提升計畫，國際航線頻頻增開，截至二〇一四年九月，國際及地區航線共計三十條。未來，還將積極申辦財富論壇、世界華商大會、達沃斯論壇等峰會。

此外，還將舉辦 WTA 超五巡迴賽、武漢國際名校賽艇挑戰賽、國際渡江節等一批重大國際體育文化活動。

從二〇一四年六月九日武漢市檔案館舉辦的《武漢市國際友好城市陳列展》了解到，武漢市肆一九七九年與日本大分市結為國際友好城市以來，已經先後結交了二十個國際友好城市、二十五個國際友好交流城市，分佈遍及全球各大洲，為武漢文化走向世界、世界文化進入武漢架起了交流的橋樑和平台。

從城市發展戰略上看，武漢的復興是全面的復興，必然離不開文化的復興與昇華；從以人為本的角度上看，人類酷愛知識和美景，自然嚮往歷史文化名城，樂意前往一個歷史積澱豐厚、人文精神飽滿、時代氣息濃厚的城市。大武漢有大文化，我們有理由相信：擁有大文化的大武漢，終將是一個你來了以後就不想走的城市。

第二章

大江湖

江河湖海是人類文明的搖籃，水是城市賴以生存和發展的重要物質資料和戰略資源。古今中外，許許多多城市，皆是因水而生、依水而興──埃及的開羅、亞歷山大，伊拉克的巴格達，印度的新德里，中國的西安、洛陽……不論是長江、黃河流域，還是印度河、恆河、尼羅河和「雨河」流域，都依水興起無數歷史名城。水孕育了璀璨的江河文化和多姿多彩的人類文明。

一、有「江城」和「百湖之市」之稱的武漢，水環境世界一流

武漢是世界第三夫河流長江與其最大的支流漢江相交匯的地方，這兩大河流呈「人」字形匯於武漢市區，將武漢分成了武昌、漢口、漢陽三部分，所以自古就有武漢三鎮的說法。武漢還有一個別稱——江城。也許你會問，長江全長六千三百多公里，流經的大城市也不少，為什麼只有武漢叫江城呢？這是因為唐代大詩人李白曾寫了一首流傳千古的詩，「黃鶴樓中吹玉笛，江城五月落梅花」，自此武漢就有了「江城」這個別稱。

因為武漢地處江漢平原，地勢平坦，又有兩大河流交匯於此，所以湖泊眾多。漢江在歷史上曾多次改道也證明了這一點，在清代中期以前：漢口這塊地方有很多湖泊和小河岔，在今天的漢口，還有很多地名中含有橋字，比如說六渡橋、三眼橋等。這也從一個側面說明了武漢「百湖之市」的由來。

古人都是逐水而居，所以長江、漢水和眾多湖泊為武漢人的生產生活帶來了很多的便利，因為長江和漢水的水路交通便利，在明代武漢就逐漸形成了商品交換的集市，也就是漢正街的前身。經過發展，漢口鎮成為當時的四大名鎮，與河南的朱仙鎮、廣東的佛山鎮和江西的景德鎮齊名。

江漢匯流、三鎮鼎立、湖泊密佈、大江穿城、龜蛇相望，武昌、漢口、漢陽三鎮三城，大開大合

的城市格局世界少有；一百六十六個湖泊和東西向山系鑲嵌城中，雲水相依，湖山相映，鋪染城市底色。獨特的城市格局，是武漢個性魅力之所在。面向未來，城市建設發展必須圍繞這一格局，充分展現武漢大江、大湖、大城的大氣靈秀之美。

如今，隨著水資源已日益成為制約中國乃至世界經濟社會可持續發展的瓶頸，素有「江城」和『百湖之市』之稱的武漢，水資源優勢尤為凸顯。

武漢城市水環境，堪稱世界一流，可以說世界上沒有哪個城市的水面面積可與武漢相比。武漢曾被美國《國家地理》雜誌評力全球內陸濕地資源最豐富的三座城市之一。日本環保專家松本聰曾六次來漢，對武漢的水環境留下深刻印象，「在全球是獨一無二的」。他認為，武漢的水環境不僅是指這裡的水資源和水生態，還在於武漢近千萬人口與水和諧共生的水經濟、水文化。

武漢懷抱「兩江」，一百六十六個湖泊、二百七十二座水庫星羅棋佈，一百六十五條河流縱橫交錯，湖泊水域面積七百七十九平方公里，占全市國土面積的四分之一，居全國大城市之首。武漢人均淡水資源量也高居全國各大城市之首，是北京的七十一倍、上海的十九倍、廣州的五倍。

位於武漢中心城區的東湖，水域面積三十三平方公里，是中國最大的城中潮，早在南宋時期就已受人矚目，人們一度將其和杭州西潮作比較。南宋文人袁說友(《游武自東制》「只說西湖在帝都，武

中國作為一個水資源短缺的國家，年人均擁有水資源僅為世界平均值的四分之一，全國 660 多個城市中，有 400 多個缺水，其中 108 個為嚴重缺水城市。

松本聰

松本聰，現任日本東京大學終身名譽教授，世界著名土壤學家、環境保護專家，獲中國政府「友誼獎」。

昌新又說東潮」，這也是與西湖比美之肇端，此後兩潮「互爭高下」不休。新中國成立後，朱德同志作了個評判：「東湖暫讓西潮好.今後將比西制強。」毛澤東同志對此卻不認同。他曾對當時的中南地區軍歐負責人直言：「東湖比西湖好，這裡有長江，夏天可以游泳。東湖的棒樹桂花樹竹子⋯⋯風景真好。四周的柳樹、水杉樹甚名，對岸是老虎尾。遠處是中山亭，那邊是珞珈山，茂密的樹林裡是武漢大學校址。東湖真好(語出《東湖風景區分期建設草案綱要》

毛澤東兩志在東湖賓館留影

新中國成之初，中共中央中南局選址東湖邊的前山建東湖客合(注現東湖賓館)，接待毛澤東等黨和國家領導人。毛澤東先住東湖賓館南山甲所，後遷梅嶺一號，在居所辦公、開會接見外國友人。閒時，他愛在湖邊走走，聽浪花拍岸，看鷗鷺翱翔；或坐在藤椅安詳地在梅樹下看書，校影橫斜。數瓣紅英落在草地上被拍成彩照，極見偉人風采。

二、水可興城，水可興業 —— 武漢濱江濱湖現代生態城市

經歷過歷史和歲月的蕩滌，如今，武漢的大江大湖」已逐步構成了這座千年古城氣勢恢宏、極具特色的濱江濱湖水生態環境，也賦予了城市豐沛的生活、生產資源。

水可興城，水作為城市最重要的自然資源之一，已成為當前城市經濟社會可持續發展的重要支撐。利用水資源，優化水環境，保護水生態，建設水景觀，彰顯水文化，打造濱江濱湖特色，建設現代生態城市，這一發展思路，國內外許多城市已紛紛採用並從中受益。

美國的聖安東尼奧市合理利用和經營管理聖安東尼奧河，河邊植滿奇花異卉、熱帶灌木，並以小廣場、階梯、平台、綠化帶來美化河岸，沿河兩岸商鋪林立，遍佈旅館、餐廳、工藝品店等，被評為全球最受歡迎的旅遊城市之一。我國上海、深圳、

武漢市水域示意圖

杭州、寧波等城市，也都在濱水城市建設方面創出
了自己的風格和特色。

　　進入二十一世紀以來，武漢在濱水城市建設方
面取得了長足進展，第一個亮點就是對兩江江灘進
行了防洪及環境綜合整治。二十一世紀之初，投資
數十億元的「兩江四岸」環境綜合整治工程，建成
總長二十九公里、總面積二百六十萬平方米的漢
口、武昌、漢陽、青山和漢江江灘，昔日亂草叢生
的江畔，成為集濱江特色帶、遊憩林蔭帶、堤防觀
景帶為一體的多功能親水空間。未來五年，武漢江
灘還將延長五十公里。屆時，八十里江灘畫廊、二

東湖一角

十餘個公園、八百八十公里綠道……濱江濱湖的武漢，有望讓市民「五百米見綠、一千米見園、二千米見水」，「百里濱江畫廊」將成為亞洲之最，並有望申報世界吉尼斯紀錄。

水可興城，亦可興業，開發和利用好水資源，不僅有利於改善城市生活生產環境，更是巨大的生產力。武漢市近年來對水資源的合理開發和利用，就有力拉動了旅遊、交通、商貿物流、文化等產業的發展。

為打造聞名全國的濕地之城，武漢市從二〇〇七年起陸續啟動漢口金銀湖水網「七湖連通」、漢陽「六湖連通」、武昌「大東湖「生態水網構建、沌口（「二十湖連通」等水生態修復主體工程，努

力實現江湖相濟，湖網相連。實行最嚴格的水資源保護，建設水景觀，實現中心城區四十個湖泊「一湖一景」。加強梁子湖、沉湖、漲渡湖、木蘭湖的生態保護。這些舉措不僅改善了城市生態環境，完善了武漢城市功能，提升了城布形象和地位，還正改變著武漢的文化、旅遊、商業格局。

二〇一三年，時任長沙市市長張劍飛來武漢考察時，武漢的江湖連通產生了濃厚興趣。在楚河漢街，駐足東湖、沙湖連通渠畔，他凝神觀看。「這是天然的連接渠嗎？」他問。

一位武漢市民回答：「這是人工挖出的一條河，幾年前這裡還是一片老舊宿舍區和城中村張劍飛露出驚訝的神情。他說，沒想到武漢生態環境治理氣魄這麼大，江湖連通是大手筆。長沙與武漢同樣湖泊眾多，可以共享經驗。

武漢大東湖生態水網構建工程啟動項目暨武漢中央文化區一期工程，俗稱東沙湖連通工程，是一個水網修復工程，也是一個市政橋隧路工程和商業文化旅遊工程。據規劃，六湖連通後將形成四百三十六平方公里的「大東湖水系」，並與長江連通，通過清淤截污、引江濟湖、水網連通、生態修復，成為中國規模最大的城市湖泊生態濕地群、國際知名水生態環境科研基地；還可形成新的旅遊景觀和遊船觀光線路，屆時，「一船遊遍一城」將成為武漢新景，在國內當屬首例。

水是城市的眼睛。悉尼歌劇院、香港維多利亞

楚河漢街

港灣……世界上許多城市的「城市名片」都是依水而建。慕「水」之名而來的萬遠集團，選址東沙湖連通之處、楚河之畔，投資五百億元，傾力打造「武漢中央文化區」，將其定位為「世界級文化旅遊項目，中國第一、世界一流，業內朝拜之地」，「這種項目獨一無二、無法複製，不但空前，而且可能絕後這是「夢想中的、有超越性和創新性的項鑰。

　　該區域優越的水環境、獨具一格的設計和完善的配套設施，吸引了眾多遊客和商家前來，極大地豐富和提升了區域的商業價值。二〇一一年九月三十日，中央文化區一期的「楚河漢街」正式開業，國慶期間即吸引客流逾兩百萬人，成為全國假期人流排名前宮的熱點區域。一百二十六個國內外知名品牌相繼進駐──耐克在此開出全球第三家概念店，星巴克以亞太旗艦店的規格亮相，迪士尼全線

連通東湖、沙湖的楚河，可促進兩湖水體流動，形成動態水網，從而提升大東湖生態水環境綜合處理功能。

楚河漢街夜景

產品將引人漢街，文化界的重要品牌大芬美術館也在此開館……

　　東沙湖連通工程竣工和楚河漢街的開業，極大地改善了區域生態環境和城市面貌，完善了城市功能，贏得一片「叫好」。就連當初該區域拆遷時的一位「釘子戶」，也致信給武漢市委領導，表達了自己對這一工程「從不理解到深深嘆服」的真切感受：「當初，我們都認為在這麼短的時間內，在一座老城區挖一條河、修一條街是不可能的事。後來，經政府反覆做工作，我們得到了比較滿意的補償款。我們住在離工地不遠的地方，無論寒冬酷暑，無論雨雪交加，每天都可以看到建設單位二十

四小時『連軸轉』地施工。一年多的時間過去了，一條寬敞的河、一條嶄新的街，出現在了人們的面前，連我們都不敢相信，這就是您帶領武漢人創造的奇蹟。」

武漢市述以水為媒，大力發展綠色低碳運輸，振興長江航運。二〇一〇年，武漢市被國務院正式明確為長江中游航運中心。臨江規劃的武漢長江航運中心大廈，總投資三十七億元，建成後將成為長江中游最現代化、國際化、服務功能最完備的港務樞紐綜合體，為國內外港航企業提供口岸服務、公共信息、港航政務、航運交易、金融商務及港航企業總部入駐等多功能服勞，將提升和完擅長江中游港口航運綜合服務功能，成為推動中部崛起和長江航運復興的新引擎、

同時，武漢市更利用港口岸線資源優勢，發展港口物流，帶動了加工、製造等臨港產業發展。「十二五」期間，武漢將圍繞港口建設、臨港產業發展，規劃了港航基礎設施、集疏運網絡、產業發展項目一百五十三個，總投資二千二百零九億元。依託完備的港口披施和強大的長江航運能力，武漢市新洲區還將興建一座國家級煤炭交易儲備基地，承擔戰略儲備和調劑功能，該基地建成後，將有望大幅緩解武漢市乃至華中地區電煤緊張局面，緩解工業發；展與能源短缺之間的矛盾。

武漢還依託大江大湖的資源稟賦，著力塑造「大江大湖大武漢」的城市形象，發展濱江濱湖特

色旅遊業。選址東湖國家生態風景區北岸的武漢華僑城，是以歡樂谷公園集群為核心的大型旅遊綜合開發項目，定位為世界級湖區文化旅遊目的地，已於二〇一二年四月二十九日正式開業，開業首日即迎來二點八萬遊客。

數據顯示，二〇一二年六月，境外和國內遊客在漢平均停留天數，由二〇〇五年的二天和二點二天分別延長至二點五八天和三點八五天，武漢已從多年的旅遊過境城市，一躍成為中國重要的濱江濱湖特色旅遊目的地。

實際上，綜觀國際濱水名城，如倫敦與泰晤士河、巴黎與塞納河、紐約與哈德遜河、維也納與多瑙河、上海與黃浦江等等，這些城市都對濱水區進行了多功能綜合性開發，產生了很好的綜合效益，促進了第二、三產業的發展。英國的泰晤士河兩岸，打造街了倫敦眼，千禧橋、新千年廣揚等著名景觀，並改造了沿岸的老工並區和舊城區，使濱河空間成為了並放式的世界著名旅游景區。未來，武漢也將繼續做足「水文章」，加快建設成為人水和諧的「東方水都」。

三、一百六十六個湖泊，一個都不能少

水資源是城市最大的特色和優勢，保護水環境是「美麗武漢」建設的重中之重。屬近平總書記在

漢視察期間，充分肯定了武漢提出的「十個不能」，指出「這是武漢經驗和教訓最好的總結」。「綠水青山是最好的金山銀山，絕不能以犧牲環境為代價換取一時的經濟增長、絕不能以犧牲後代人的幸福為代價換取當代人的所謂『富足』」，總書記強調。

武漢市委領導表示，二〇一三年給一百六十六個湖每個編上號，建立「身分證」，並製成一張圖，請全體市民監督。並通過定椿、修建環湖路等方式，固定岸線，「絕不能讓一個湖消亡」。截至二〇一三年十二月，武漢市中心城區四十個湖泊栽設了二千餘個湖泊藍線界椿和十五個湖泊分界牌，湖泊藍線界椿栽設後，將作為鎖定湖岸線的手段之一。二〇一四年，武漢市湖泊管理局還將儘快劃定新城區一百二十六個湖泊的藍線。

武漢市委領導說：「武漢山水資源豐富，自然稟賦優越，又是國家『兩型』社會建設綜合配套改革試驗區，有條件、有責任在生態文明建設方面走在全國前列。」

武漢市主要河流十一條，監測湖泊七十個，按國家、省級「創模」要求，水質達標率必須達到百分之百。二〇一〇年全市環境質量保持穩定，中心城區集中式飲用水源地水質達標率途到百分之百；轄區主要斷面水質較上年度保持穩定，長江、漢江滿足水環境功能區劃要求。二〇一一年，開展飲用水源地球境保護專項整治行動，加大對以長江、漢

江、灄水、舉水為水源地的十九個自來水廠周邊環境結合整治力度。

但二〇一二年，武漢市有三條河流水質不達標，七十個湖泊中有三十七個不達標。武漢市環保局直言，從國外經驗來看，修復水質動輒長達幾予年，這與三到五年的「創模」期限差距太大。「亟須在科技、財政上有較大投入，政府更需下大力氣整治」。

據分析，城市污水收集管網不完善，是造成水環境污染的主因。對此，武漢市已拿出「五年行動計劃」，計劃到二〇一六年改、擴建污水處理廠九座，新建污水管網一千零三十一點五公里，形成主城區完整的污水收集骨幹管網體系，實現主城區污水全收集，基本解決主城區長江、漢江水源地汲湖泊的市政排污問題。

解決「增量」污染的同時，武漢市從二〇一二年起擬投入四百零六點八七億元打造「碧水工程」其中投入一百四十億元實施水質達標工程，對十九個污劣五類的湖泊重點治理，消除黑臭現象。「碧水工程」構建武昌、漢口、漢陽三片水網，推進實施「大東湖」生態水網、漢陽「六湖連通」、金銀湖水網、沌口平湖連通」水生態修復工程；綜合整治東湖、南湖等中也城區湖泊，控制污染、水網連通、修復生態，實現湖泊水質的整體提升。

「碧水工程」實施兩年以來，武漢市湖泊水質有所好轉，水質由五類上升為四類，不少垂釣者就

算冒著高溫，也願意去湖邊釣魚。日本環保專家松本聰稱，希望經過五年到十年治理，武漢能以水環境為主題申報世界文化遺產，像『水城』威尼斯一樣

第三章

大都市圈

隨著城市的不斷擴張，國內外不少城市的土地、淡水等戰略性資源減少，環境承載力下降，城市發展面臨嚴重的資源環境瓶頸。而坐擁土地、淡水等豐富戰略資源的武漢，得益於強大的資源環境承載能力，城市發展空間巨大。同時，隨著武漢開始實施建設國家中心城市和國際化大都市的重大戰略機遇，武漢在國家發展大局中的地位不斷提升，武漢的大發展正當其時。

從土地資源承載力來看，武漢市國土面積八千四百九十四平方公里，與五大國家中心城市相比，僅次於北京、天津，超過上海、廣州、重慶（不包含偏遠縣），是香港的八倍，新加坡的十三倍；建成區面積不足全市總面積的四分之一；人口密度與五大國家中心城市相比，僅略高於天津，人口對土地、生態環境等的壓力較小，尚有很大的發展潛力。

從城市水資源承載力來看，武漢市擁有其他城市無法比擬的豐沛水資源。武漢市淡水資源人均占有量位居全國一線城市第一，遠超五大中心城市，承載經濟社會發展的潛力巨大。

城市因人而生、因人而興，人口的聚集關係到城市的興衰。縱觀中外城市，都是在人口聚集中走

武漢兩江三鎮

向繁榮，在人口凋敝中走向衰敗。人們公認的世界城市，大東京聚集了 3600 多萬人，占日本人口的 30%，大巴黎、大倫敦、大紐約地區分別聚集了 1100 萬人、1500 萬人、1900 萬人，分別占本國人口的 17%、25%、6%。

截至 2013 年年底，武漢市常住人口為 1022 萬人，比 2012 年增加 10 萬人。其中，勞動年齡人口高達 660 多萬，占總人口的比例達 78%。其中，21 歲至 40 歲的青壯年人口 350 多汲。

表 1　武漢與丑大國家中心城市部分指標對比（2012 年）

城市	總面租（平方公里）	總人口（萬人）	人口密度（人/平方公里）	人均水資源占有量（立方米）
武漢	8494.00	1022.00	1179.66	7157
北京	16410.54	2018.60	1230.06	100
天津	1191730	1354.58	1136.65	370
上海	6340.50	2347.46	3702.33	145
廣州	7434.40	1270.08	1708.38	1375
重慶	4403（城區）	542（城區）	1230.98	1802

一、「1+6」新城構想——獨立城市

田野中大片大片的紫，寒氣中一縷一縷的香⋯⋯歐洲，諸多小城毗鄰大都市，享譽世界。二

「工業倍增」：計畫的主要目標：二〇一五年，工業規模總量力爭突破16000億元，工業增加值力爭達到4500億元，在二〇一〇年的基礎上實現倍增；「十二五」時期全市工業總投資累計達到8000億元，力爭突破1萬億元；到二〇一五年，六大支柱產業產值均突破千億元，產值過100億元工業企業戶數增加到20戶以上，規模以上工業企業戶數較「十一五」時期末增加一倍。二〇一二年起全面提速「工業倍增」計畫，將原定五年實現工業總產值翻番的目標縮到三年至四年內完成。

〇一一年，根據國務院批覆的武漢市新一輪城市總體規劃和土地利用總體規劃，市委、市政府為防止城，「攤大餅」式無序發展，作出了推進「1+6」城市格局等一系列重大決策。

二〇一二年，武漢政府工作報告中又提出，賽按「獨立成市」理念建設六個新城區（江夏、東西湖、黃陂、蔡甸、漢南和新洲），各打造一座中等規模、功能完善、特色鮮明的現代化新城。大武漢，意在「國際漢」周邊打造六座功能完善、產業實力強、中等規模的現代化新城。

長期以來，武漢的工業佈局聚集在主城區，新城區主打攻業。自二〇一一以來，武漢開始實施「工業倍增」計畫，六個新城區板塊新型工業化發展步伐明顯加快，開始改寫武漢市的工業版圖，新城區逐步轉變成為武漢工業「主戰場」。

在剛剛過去的二〇一三年，武漢六個新城區GDP增速均高於中心城區，東西湖區、新洲區、黃陂區、江夏區預計全年GDP接近400億元，其中東西湖區預計可達388億元；新城區固定資產投資增幅普遍超過30%，比中心城區20%左右的固定資產投資增幅要高。

未來六個新城區將按照獨立成市的標準建設，武漢市規劃局相關負責人透露，新城「獨立成市」規模在五十至一百平方公里，人口為二十萬以上，並配備了六要素。其中包括，工業園區規模在二十平方麼以上；中心區規模為四平方公里左右；至少

建設一條軌道線，二處對外交通樞紐，二條快速路、二條主幹道與中心城區聯繫，新城範圍內實現公交全覆蓋；高標準建設配套基礎設施，尤其是污水處理廠、環衛垃圾處理、消防、給水等重大基礎設施；並確保人均公園綠地不少於十二平方米。

新城和主城區規劃建成「多快多軌」的交通格局，六個新城到中心城區將只需半小時。至少保證「一快一軌」的道路建設，保障主城區到任何一個新城罕個小時內可到達，如地鐵 29 號線、1 號線、4 號線等均能延伸至新城。

暢通一環、建成二環、完善三環、建設四環，加快快速路和主、次幹路建設，完善微循環路網。使武漢這樣一個「兩江交匯，三鎮鼎立」的城市，形成了中心城區與外圍八條快速出城通道的有效對接，市民出行的供捷度大為提升。

「在新城居住，乘坐半個小時地鐵，往返乎中心城市的工作地點；或者居住在新城，在較低的房價、更優的生態環境中，享受與中心城區一致的醫療、教育服務。」這將是武漢人未來生活的場景之一。

二、「1+8」城市圈，步入「同城時代」

武漢「1+8」城市圈是以武漢為圓心，包括黃石、鄂州、黃岡、孝感、咸寧、仙桃、天門、潛江周邊八個城市所組成的城市圈。面積不到全省三分

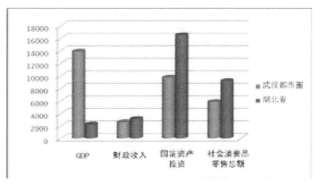

武漢城市圈二〇一二軍主要經濟指標在湖北省占比

之一的武漢城市圈，集中了湖北省一半的人口、六成以上的 GDP 總量，不僅是湖北經濟發展的核心區城，也是中部崛起的重要戰略支點。城市圖的建設，涉及工業、交通、教育、金融、旅遊等諸多領城。二〇〇七年十二月，國務院正式批准武漢城市圈為「全國費源節約型和環境友好型社會建設綜合配套改革試驗區」；正式上升為國家戰略。

圈內城市密集度較高，經濟基礎較好，環境及自然條件優越，是湖北省乃至長江中遊經濟實力最強的核心區城。二〇一二年，武漢城市圈以占全省312%的土地和 52.5%的人口，貢獻了全省超過62%的 GDP 對 84%的財政收入，吸納了近 60%的投資，實現了 63.7%的社會消費品零售總額。

「城市圈」是由「交通圈」發展演變而來。然而，武漢城市國不像長三角城市圈，條條道路進上海、通南京、通杭州，武漢城市園九座城市之間存在一些短線「斷頭路」。交通對武漢城市圈發展至關重要。

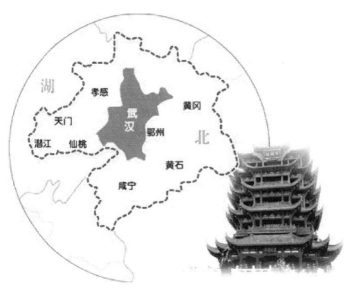

「武漢城市圈」峰改方案扶國務院正式量過

武漢城市圈由「1+8」九城市組成，是攢以武漢市為中心的一百公里半徑內，整合八個中心城市，形成湖北乃至長江中遊密集城市群的。

　　湖北省社科院學術顧問、武漢城市圈研究會會長陳文科說，武漢中心城區距鄂州五十公里、黃石七十公里，三市轄區犬牙交錯，要素互通有無，產業結構相近，企業連成片，已形成連接三市的鋼鐵建材服裝產業走廊。城際高速通車，將促進武漢東湖高新技術開發區、八十萬噸乙烯化工新城、葛店開發區、鄂州經濟圩發區、鄂州主城區、花湖開發區及黃石主城區的協同發展，使三座城市「同城化」、沿線開發區「同區化」，實現所謂「在黃石、鄂州投資等於在武漢投資」一說。

　　二〇一二年年底，漢鄂高速公路通車，武漢至鄂州的車程僅需半小時，較原來經武黃高速公路節

省一半時間。至此，漢孝、漢洪、漢蔡、武麻、武英、青鄭、和左七條武漢高速出口路以及互通的城市圈高速公路已全部通車，武漢「1+8」城市圈一小時交通網格局正式形成。

武漢城市圈急需建立縱橫交錯的交通網，通過交通圈發展促進經濟 發展，再由經濟圈發展促進城市圈發展。因此，二〇〇九年國家批覆武漢城市圈城際軌道交通網規劃，建設武漢至咸寧、黃岡、孝感、黃石四條城際鐵路，推進武漢城市圈交通基礎設施和產業佈局一體化。截至二〇一三年年底，武漢城市 城際鐵路建設已逐步進入尾聲。二〇一三年十二月二十八日，武咸線正式并通運營，武黃、武岡城鋏於二〇一四年六月十八日通車，漢孝線預計二〇一五年建成開通。

二〇一三年十二月二十八日，湖北首條城際鐵路武處線開通，武漢在一天之內邁入城鐵、地鐵、高鐵共馳騁的鐵交會「新時代」。「武漢邁出的這一步，使得它與北哀、上海、廣州站在了同一個平台上」省交通廳負責人說。

武漢到咸寧最快僅二十八分鐘，步入同城時代。沿線的賀勝橋鎮是武漢城市圈首個城鎮化試點項目──一個三十萬人規模的宜居社區正在建設中。依託城際鐵路，該鎮通過土地綜合開發，實現站城一體、站為城用，打造新型城鎮化示範鎮。碧桂園梓山湖項目選址於此，其置業顧問錢瑰麗表示，前來購房和諮詢的武漢人占八成。

武威線城際鐵路

　　武（漢）黃（石）城際鐵路二〇一四年開通以
後，黃石到武漢的距離縮短至二十六分鐘。城鐵開
通帶來的不僅是人們出行的方便，更給未來沿線經
濟帶來巨大機遇，在重大項目的背後必然會催生工
業、房地產、商業、公共服務等各方面資源的發
展。「同城效成」最主要的優勢在於加強相連城市
間的一體化合作，區域經濟脅作發展日趨緊密。

三、長江中游城市群核心城市

　　從國家的戰略來看，二十世紀八〇年代，中國
經濟增長靠珠三角來支撐，九〇年代後是靠珠二

角、長三角來支撐。今後要支撐中國經濟穩定增長，必須要在中西部及東北地區創造一批新的增長極，而長江中游城市群是最有潛力的地區之一。

　　長江橫貫中國大陸東中西部，沿長江是一條重要的經濟軸線，正成為中國區域發展新的戰略重心。長江中游城市群正處在這條軸線之上。據了解，有關部門已著手制訂《依託長江建設中國經濟新支撐帶指導意見》，長江經濟帶開故開發正在成為我國區域發展新的戰略羞心。

　　長江湖北段占幹流長度三分之一以上。近年來，湖北已與湘贛皖合作探索建立多層次的區域合

作協調機制，積極建設長江中游城市集群，努力打造長江經濟帶的「鐵肩」。二○一二年二月，湘贛鄂三省順勢而為，提出合力構建長江中游城市群；二○一二年十二月，安徽省加入，使長江中游城市群發展空間更大、能量更多、輻射更廣。

如今，作為長江中游城市群的核心城市之，武漢城市圈正攜手湖南長株潭城市群、江西環都陽湖城市群、安徽江淮城市群共四大城市群，以長江中游交通走廊為主軸。致力於打造中國經濟增長「第四極」。武漢的發展腹地，正逐步延伸至整個長江中游城市群和長江中游地城範圍內，而這一帶正是國家確定的重點開發區域。

長江中游城市群四省會城市首屆會商會二○一三年二月在漢召開。長沙合肥、南昌、武漢四市市委書記、市長和相關部門負責人聚首江城，討論長江中群城市群發展，會上四市市長共同簽署了《長江中游城市群暨長沙、合肥南縣、武漢戰略合作協定》（「武漢共識」），四市的十一個部門也分別簽署合作協定，促進四城市經濟科技、文化、教育等各方面的大獻合。

同時，隨著國家區城經濟發展的梯增進，重大國家戰略接踵面至，武漢在國家發展大局中的地位不斷提升。二○一三年八月，習近平總書記在漢視期間，對武漢建設國家中心城市復興大武漢給予充分肯定，至少三次提及並肯定「復興大武漢」，並明確表示，湖北要成為促進中部地區崛起的重要戰

長江中游城市群達成「武漢共識」

略支點。

湖北省委書記李鴻忠同志則表示：「『建成支點、走在前列』是黨中央對湖北發展的新定位、新要求，明確了湖北在中國經濟升級版中的戰略定位和全局使命。這個支點從區域來講指全省，從點上來講就是武漢。」

二○○七年十二月，武漢城市圈獲國務院批覆，成為全國資源節約型和環境友好型社會建設綜合配套改革試驗區；二○○九年十二月，國務院又批覆武漢東湖高新區建設國家自主創新示範區，武漢成為繼北京之後全國第二個擁有國家級自主創新示範區的城市。三大國家戰略匯聚武漢，武漢在國家戰略體系垮被寄予越來越多的期望，這座「大都市」正以更加開放的姿態，迎接大機遇、應對新挑戰。

四、二〇四九，構建國家戰略中樞，衝擊世界城市體系頂端

武漢正在制訂二〇四九年遠景發展規劃，全面加快建設國家中心城市，「復興大武漢」的夢想不再遙遠。二〇一三年十一月底召開「武漢 2049」專題研討會，武漢的政府官員與國內外研究機構、專家學者、文化名人、市民代表圍繞「武漢 2049 遠景發展戰略」的全題，進行了系統深入的研究探討，是一場未來與現實的對話，也是一場機遇與挑戰的對話，更是一場發展與責任的對話。

武漢廣泛徵集全球智囊，率先制訂二〇四九奇蹟規劃，將城市未來的發展定位於構建國家戰略中樞，衝擊世界城市體系頂端。按照《武漢 2049 年遠發展戰略規劃》，二〇四九年，武漢將成為戰略中樞的國家中心城市。構建國家創新中心、國家先進製造中心和國家輸流中心：空港、河港等對外功能平臺形成面向國際市場、輻射全國的對外門戶；鐵公空水路交道聯動發展，成為面向全國的綜合交通框紐；一批國家戰路性產業場起武漢成為掌提「國之重器」的國家戰略性產業基地。

二〇四九年，武漢將實行最嚴格的生態控制，建設用地規模控制在市城總面積的 20% 左右，即 1698 平方公里；市民在主城區騎車 15 分鐘，就可看見美麗的湖泊，絕大部分居民步行 10 分鐘，就可到達公園或娛樂場地；低碳、增能將成為生活主

長江中游城市群達成「武漢共識」

旋律，可再生能源占比達到 45%以上；看話劇、電影將更加便宜，更多的市民可以參與；消費文化活動；步行五分鐘可到達公交網站，步行十分鐘到達軌道交通車站。

第四章　大交通

武漢扼南北之樞紐，居東西之要津，自古便可西入巴蜀，東達吳越，北上豫陝，南抵湘桂，被稱為「九省通衢」之地。一九〇六年，張之洞在武漢修建的（北）京漢（口）鐵路建成通車後，置身中國水陸兩大交通動脈交叉點上的武漢，其舟楫之利、列車之便，自此相得益彰。

二十世紀初的大武漢享有「東方芝加哥」的美譽，「駕乎津門，直逼滬上」，成為當時唯一可與沿海幾大通商口岸匹敵的內地口岸。是絕無僅有的與大上海共享榮耀的大都市，儼然代表著中國城市發展的方向與希望。

天元之位、九省通衢，是武漢城市區位之魂。武漢得中獨厚，是中國經濟地理中心、重要的綜合交通樞紐，承東啟西、接南轉北，通江達海、輻射八方。以武漢為中心，以一千公里為半徑畫圓，可覆蓋全國十億人口和百分之九十的經濟總量。優越的城市區位，是武漢發展之基。

近年來，隨著國家鐵路、水運、航空、高速公路網絡的形成，武漢的交通「中樞」地位更加突出，區域輻射作用不斷增強，產業帶動、聚集能力進一步提升，已成為支撐中部、服務全國的綜合交通樞紐，正由「九省通衢」向「九州通衢」跨越。

二〇〇九年，武漢被國家發改委批准為全國首個綜合交通樞紐研究試點城市；二〇一〇年，國務院正式批覆同意《武漢市城市總體規劃（2010-2020年）》，明確將武漢定性為：我國中部地區的中心城市，全國重要的綜合交通樞紐；二〇一一年，時任交通運輸部部李盛霖進一步提出，要把武漢建成「祖國的立交橋」，建成承接東西、連通南北的中部交通運輸樞紐，讓全國的航空、鐵路、公路、水路在這裡「立交」；二〇一二年，湖北省委、省政府從全局的高度，對武漢提出了更高的發展要求，明確提出武漢建段國家中心城市。

站在復興大武漢的起點，武漢全力加快建設全

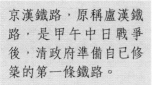

京漢鐵路，原稱盧漢鐵路，是甲午中日戰爭後，清政府準備自已修築的第一條鐵路。

國公路網重要樞紐和長江中游航運中心、全國第四大門戶機場建設，健全鐵、水、公、空一體化的綜合交通體系，全面提升對外交通聚集輻射能力，距離全國性綜合交通樞紐的大交通，已然指日可待，觸手可及。

一、中國鐵路網的中樞

從鐵路來看，位於中國鐵路「十」字形中心點的武漢，已成為全國的客運、貨運樞紐；隨著合武、武廣、京廣、滬漢蓉高速鐵路的建設和相繼投入運行，高速鐵路樞紐站——武漢火車站建成使用，武廣高鐵開通，大武漢率先步入「高鐵時代」。

二〇〇九年五月十八日「亞洲第一」的武漢北編組站建成啟用，武漢躋身全國四大鐵路樞紐（北

武漢北編組站

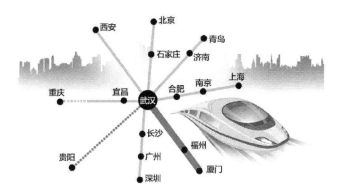

「來」字形鐵路網絡示意圖

京、上海、廣州、武漢）和六大客運中心之一（其他五個為北京、上海、廣州、成都、西安），日漸成為全國的客運、貨運和高鐵樞紐。

自二〇〇八年以來，合武客專、昌丸客專、鄭西高鐵、石太高鐵、京廣高鐵全線貫通，武漢「十字快鐵」構架基本建成。

隨著滬漢蓉鐵路渝利段二〇一三年十二月二十八日正式開通，中國鐵路幹線之一的滬漢蓉客運專線全線貫通，武漢八小時左右到重慶，比以前縮短了七小時，四小時到桂林，比以前提前九小時。武漢高鐵線路構架從「十字」向「米字」擴展，覆蓋十六個省、直轄市，乘坐高鐵可抵達大半個中國。

武漢與全國主要大城市之間實現高速鐵路直接相連，成為全國高鐵客運專線網的主要樞紐城市。從新的快路運行圖可以看到：以武漢為中心，構成了北到北京，南到廣（州）深（圳）、桂林，東到上海、杭州的三十四小時交通圈，西到西安的四到

武漢高鐵站

五小時交通圈，至長沙、南昌、合肥等中部省會城市二小時的快速客運交通圈。乘坐動車，八小時左右可到達寧波、青島、福州、廈門、重慶等城市。二〇一三年九月十六日，武漢至福州、廈門動車開通，至此，武漢地區八小時生活圈形成。

　　網絡上「武漢成最熱門回家目的地」的微博被網友們紛紛轉發，武漢便利的交通也成了網友們熱議的話題。不少網友認為，武漢九省通衢，交通便利，在武漢中轉很方便。同時，也有不少網友表示，二〇一三年年底武漢地鐵四號線開通，串起五大商圈、三大火車站，讓不少乘客選擇在武漢中

轉，乘客回家可以在建大火車站精準換乘。趕車時間充足，回武漢還能順便進行武漢半日游或一日游。

武漢已有三大火車站，未來擬再建新漢陽和流芳兩大火車站。屆時，武漢將形成漢口火車站、武昌火車站、武漢火車站、新漢陽火車站、流芳火車站五大綜合交通樞紐。在這五大交通樞紐、天河機場、江夏機場以及公路客運站之間，將通過快速路、軌道交通來加強銜接，提高綜合交通樞紐的輻射能力。

客運方面，武漢鐵路局每年發送的旅客數量超過六千萬人次，已經當之無愧成為連貫東西、通達南北的客運中心。隨著以京廣客運專線、滬漢蓉快速客運通道，以及武九客運專線等為主幹的「縱橫交錯」高鐵網的形成，武漢得中獨厚的樞紐中心地位更加凸顯。

貨運方面，隨著高鐵和客運專線的建成。武漢鐵路網將全面實現客貨分線運輸，以既有的京廣線，武九線和武康線為基礎。指按北京、西安重慶（成都）廣州、南昌（福州）、上海等鐵路樞紐，實現武漢城市圓內一小時五百公里六小時、一千二公里二十四小時通達的快速貨運服務。

二、兩江交匯，通江達海

　　從水運來看，地處長江、漢江交匯之處的武漢，具有通江達降的獨特優勢。早在二〇〇五年湖北省就提出了建設武權長江中醉航運中心的戰略構想。二〇一一年一月，國務院將長江中游航運中心建設上升為同家戰略，長江航運發展迎接新機遇。二〇一二年一月，武漢市政府提出，力爭五年基本建成長江中游航運中心。

　　二〇一三年七月，習近平總書記前往陽邏港區視察並作出重要指示，長江流城受加強合作，發揮內河航運作用，把全流地打造成黃金水道。長江中游航運中心建設上升為國家發展戰略，極大地促進了武漢水運快速發展。早在二〇一二年，從武漢陽

二〇一三年七月，習近平總書記視察武漢新港

邏港到上海洋山港的「江海直達」航班已達二百零八個，基本實現點對點直航、七十二小時內到達。

近年米，武漢市不斷加大對武漢增的投資力度，武漢港口的硬件設施有了質的飛躍，新建了大型船隻泊位（500 噸級）以及現代化的吊機，方便了武漢大小企業的運服務。二〇一一年，湖北省投資百億元啟動武漢新港建設，以武漢播為中心，實行統一領導、規劃、建設、管理，由原武漢港和鄂州、黃岡等區域內的二十七個港區組成港口集群，規劃岸線六百二十七公里，最大靠泊能力七千噸，集裝箱吞吐能力達 150 萬標箱。這種「跨行政區劃整合資源，沿江城市合力建設」的港口模式，在全國獨一無二。

武漢新港由武漢、鄂州、黃岡、咸寧四市港口岸線統一規劃建設而成，已成為長江中游首個「億噸大港、千萬標箱」。繼二〇一〇年貨物吞吐量突破億噸後，武漢新港二〇一三年完成貨物吞吐量一點三二億噸，市域集裝箱吞吐量遠八十五點二八萬標箱。規劃於二〇一五年，武漢新港貨物吞吐能力突破二億噸，集裝箱吞吐能力達到二百六十萬標箱，成為中部地區的「水上門戶」。

在此基礎上，敝港通航範圍不斷拓展、通達率日漸提高，成為中部地區走向海外的重要門戶，先後開通了直達日本、韓國、東南亞各國及中國港澳地區的不定期貨運航線和直達中國台灣、印度馬德拉斯等地的貨運航線；還開通了中遠直達快航，湖

江海直達是指貨輪從武漢運至上海洋山港，高效接駁遠洋國際班輪。上海洋山港是我國丙河貨物的出海港，與開往歐美的遠洋貨輪無縫對接。武漢開通江海直達班輪，可使武漢新港成為中西部國際港。

武漢港

北貨物接轉歐洲幹線班餘時間較以往縮短一週。二
○○六年開通的「江海直送」航線，經過多年發展
已成為武漢航運的生命線。二○一二年開通的三百
三十四個『江海直進』航班，有三百三十個班次達
到點對點直航、七十二小時內到達的標準，占總班
次的98.8%。

二○一三年三月，武漢至洋山「江海直達」天
天五定班（定班期、定運時、定船舶等「五定」標
準）開通。自此，「江海直達」航線按照「點對點
直航、七十二小時內到達」的要求，每週六班。

與此同時，武漢新港還將大力發展近洋航線和

鐵水聯運，力爭二〇一四年港口集裝箱吞吐量實現百萬標箱。其中近洋航線，瀘州一武漢一台灣於二〇一三年年底開通。該條航線開通後，將成為武漢首條定期出海的貨運航續。以往中西部貨源至少要經過武漢、上海兩次中轉，半個月才能到台灣；近洋航班開通後，從武漢出發，七天就可以到台灣的台中或高雄。到「十二五」中期，武漢有望在三千公里的範圍與東京、大阪、首爾、新加坡、雅加達等國際港口實現萬噸輪常年直達，將實現孫中山先生所言的「溝通大洋計劃之頂水點」的目標。

武漢航運「證海直達」航線示意圖

三、公路網絡承東啟西、接南納北

　　從公路來看，武漢有著四通八達的高速公路網絡、國省道網絡、城市圈快速通道。京港澳、滬蓉、滬渝、杭蘭、福銀等高速公路骨架網絡「承東啟西、接南納北」；316、318、106、107 國道以及 16 條省道在武漢史會成環，武漢城市圈內快速通道逐漸成型。

　　二〇一〇年年底，武漢市高速公路總里程達一千六百九十九公里，占全省的 50.5%。在湖北省「四縱四橫一環」的高速公路骨架網中，大部分道

路從武漢始發。武漢到「1+8」城市圈內其他城市均可在一個多小時內到達，到全省其他市、州最多只需六小時，而進入湖南、安徽、江西、河南周邊鄰省最快僅需四個小時。

二〇一二年年底，武漢已建成「環形+放射」業骨架，貨通全國。有著四通八達的高速公路網絡，京港澳、滬蓉等國家高速公路在漢交會成環，107、316、318 等國道通過武漢。武漢公路通車總里程達到 1.3 萬公里，公路密度達到 149.5 公里／百平方公里，在全國十五個副省級省會城市中居第二位。

截至二〇一三年，武漢「四環十八射」高速快速路網已全部建成或啟動建設。未來幾年，武漢市將加快公路主樞紐和骨架路網建設，形成公路主樞紐、交通物流中心和高速骨架路網，全市公路網總里程將突破一萬三千公里，預計二〇一五年，公路網密度達到每百平方公里一百六十公里以上，高速公路網密度達到每百平方公里八公里以上。

四、航空助力武漢成為國際先進要素匯聚之地

從航空來看，在武漢綜合交通樞紐中，航空一度較為滯後。而如今，隨著天河機場成功「擴容」、第三航站樓動工開建、國內外各大航空公司

紛紛進駐、國際航線密集開通，武漢正逐步成為中國內陸直通歐洲的「中轉港口」和國際先進要素的匯聚之地。

「十一五」期間，天河機場累計完成旅客吞吐量 4658 萬人次，年均增長 29%，連續跨越 500 萬、800 萬、1000 萬人次三個台階，在全國機場中的排名由第 17 位上升至第 12 位；累計完成貨郵吞吐量 46.7 萬噸，年均增長 18%；保障飛行架次 48.6 萬架次，年均增長 27%。

武漢天河機場

天河機場二〇一三年旅客吞吐量突破 1500 萬人次大關，達 1570.6 萬人次，國際通航點達 25 個。在漢運營的航空公司共 35 家，通航城市 90 個，天河機場日均起降飛機 440 架次左右。

武漢天河機場第三航站樓於二〇一二年動工開建，二〇一五年建成後，武漢有望成為繼北京、上海、廣州之後的全國第四大航空樞紐，成為輻射全國、面向國際的大型航空樞紐和航空物流中心。

二〇一二年四月八日，東方航空集團與武漢市政府簽署戰略合作協議，雙方共同對東航武漢公司增資十七點五億元，致力於將其打造成武漢的主力基地航空公司，以全面加快中部航空樞紐的建設。目前除東航外，中國際航空公司、南方航空公司等也在武漢設立了基地，另有二十多家國內外航空公司也進駐武漢。

各大航空公司的集中入駐，極大地促進了新航線的開闢和已有航線的提檔升級。二〇一三年，天河機場國際及地區業資繼續高速增長，全年突破 100 萬人次，達 102 萬人次，同比增速遠 59%，國際及地區旅客吞吐量位居中部第一、內陸口岸城市第三。然而，在 2011 年，送個數字是 41.1 萬。在兩年時間裡，天河機場國際客流實現「翻番」。

截至二〇一三年年底，天河機場的國際/地區客運航線達到二十五條，其中屬際客適航線十七條，主要飛往巴黎、舊金山、新加坡、吉隆坡、首爾、濟州島、釜山、曼谷、清邁、普吉島、福岡、

靜岡、金邊、暹粒等，地區航線八條，飛往香港、澳門、台北、台中、澎湖、高雄、花蓮、台南。

二〇一四年，天河機揚將加密武漢－巴黎航線，新開美國塞班、澳洲墨爾本、俄羅斯莫斯科等五條直達航線，做強新加坡、曼谷等東南亞航線，開拓日韓等東北亞航線。

預計到二〇一五年，武漢還將再增十條國際直達航線，覆蓋亞歐美等地區。而據世界旅遊組織和美國波音公司最新測算，一條國際航線為地方經濟創造的 GDP 相當於三至四條國內航線。

同時，隨著「四縱四橫」高鐵網絡的快速織就，武漢機揚得以更加快捷越江欒河南、湖甫、江西、安徽等中部省份的客貨源。「鐵空聯運」止國隊和地區航線事半功倍——乘高鐵到武漢，然後直航歐洲，將日益成為中國中部前往歐洲的新路饑。法航大中犖區總栽康飛迪表示，正是看中了武漢輻射整個中部的高鐵網，法航特武漢作為中部的戰略性中轉中心。這與武漢努力打造綜合交通樞紐、力爭成為中部航空樞紐的目標不謀而合。

五、軌道交通打通城市「微循環」

從軌道交通來看，為打造「國家綜合交通樞紐」示範城市。助為「建設國家中心城市」，武漢市開始第三輪軌道交通線網規劃修編，規劃到二〇

萬里長江地鐵第一隧

四九年，建成「一環串三鎮，十射聯新城」的軌道
交通。

　　淡及城市建設，武漢人最關心的可能就是地
鐵。二〇一二年年底，軌道交通 2 號線一期建成試
運營，全國首條穿越長江的地鐵在漢誕生，標誌著
武漢邁入「地鐵時代」。真實體會到武漢地鐵方
便、快捷、現代的武漢市民，更期待著更多地鐵線
能夠盡快在家門口開通。

　　二〇一二年，武雙市啟動城建攻堅五年行動計
畫，以時一步提升城市綜合功能和承載能力，為建
設國家中心城市和國際化大都市奠定基礎。從二〇
一二年起，每年通車一條新地鐵。到二〇一五年。
六條地鐵線建成通車。主城區軌道交通通車里程達
到一百四十公里，各遠城區與主城區基本實現軌道
交通相連。

武漢地鐵 2 號線

　　二〇一三年年底，地鐵 4 號線一期開通後，與 2 號線一起，將武昌、漢口、武漢三大火車站串成一線，可以將各地來客迅速便捷地運送到城市的各個角落。與 2 號線相同，4 號線一期也實現了地鐵與火車站的無縫對接。「地鐵 2 號線的開通標誌著武漢市地鐵時代的到來，而 4 號線一期的開通意味著武漢地鐵網絡的形成武漢地鐵運營公司黨委書記何達曹說。

　　到二〇二〇年，武漢地鐵將聯結成網，實現六十分鐘穿城、中心城區三十分鐘點到點，百分之五十五的市民將選擇地鐵出行。

從公共交通來看，二○一○年至二○一三年，是武漢公共交通快速發展的四年。通過貫徹落實公交優先發展戰略，城市公交保障能力和服務水平明顯提高，不僅市民乘交出行條件得到改善，也為「公交都市」的創建奠定了堅實基礎。

二○一二年，武漢市被納入交通運輸部「十二五」國家「公交都市」建設示範工程首批試點城市。根據國家「公交都市」創建要求，組織擬訂《武漢國家「公交都市」試點城市建設實施方案》，創建「公交都市」實施「多元網絡、樞紐支撐、公交提速、低碳公交、智能公交、慢行交通、需求管理、服務提升」八大工程。

二○一○年至二○一三年，共開通、調整公交線路一百八十七條次。新城區共開通公交線路九十六條，六個新城區均有到中心城區的公交線路。開通城際公交線路，線網延伸至鄂州葛店。二○一三年，開通微循環線路二十八條，市民出小區步行五

二○○九年武漢北湖北路公交站牌

二○一○年武漢黃鸝路公交站牌

二〇一二年武漢徐東村站　　　　　　二〇一三年武漢徐東村公交站

二〇一一年八月，武漢新式公交站亭亮相徐東大街

到八分鐘就能乘上公交車。

　　二〇一三年，主城區內具有到站信息發佈功能的公交站台八百七十個。二〇一〇年，全市安裝使用 GPS 公交車僅 1906 輛，占公交車總量的 27.22%；二〇一三年七千多輛公交車全部安裝使用 GPS。二〇一〇年，公交電子站牌導乘示範公交線僅有三條；二〇一三年，公交電子站牌導乘示範公交線發展到二百零三條，實現公交車輛運營調度的智能化、實時化、科學化、無紙化及公交車輛運營信息的可視化。

　　在主城區內，引入現代有軌電車、BRT 快速公

交等，建立多模式公交架構。在新城內，通過中運量系統彌補軌道交通覆蓋不足問題。遠期，主城區將形成一百二十三公里中運量系統，外圍新城將達到六百四十七公里。到二〇二〇年，主城區公交站點五百米半徑實現全覆蓋，主城區任意兩點間的公共交通，到達時間不超過五十分鐘。

交通的大發展為武漢彙集了更多的人流、物流和資金流，一個新的國際先進要素匯聚之地正逐步形成。世界五百強企業日本三菱商事集團在談及落戶武漢的原因時表示：「按照中國從沿海一內陸的經濟發展模式，位於中國中部的武漢無疑是最好的選擇；武漢作為重要的交通樞紐，長江便利的水運條件也為物流運輸提供了方便。中國政府對中部崛起的重視，為三菱落戶武漢提供了政策支持。武漢重工業十分發達，同時具有極大的消費力，從生產到銷售上的巨大潛力也吸引著三菱選擇武漢作為新據點。」

第五章 大商賈

商貿流通是聯結生產和消費的橋樑和紐帶，既引導生產、保障供給，又創造需求、促進消費，還提供就業、惠及民生。武漢自古就是中國的商貿重鎮、通商口岸，「貨到武漢活」的說法一直延續至今。隨著綜合交通體系的不斷完善，武漢的商貿物流優勢更加突出。

一、「貨到武漢活」——歷史的積澱

武漢商貿發展歷史源遠流長，積澱深厚。早在三千五百年前的商朝時期，依託盤龍城，武漢就成為當時南方商文化圈的核心，是長江流域的中心以及國家南方軍事樞紐。東漢蔡邕《漢津賦》記為『南援三州，北集京都，上控隴阪，下接江湖』，是「導財運貨，貿遷有無」的地方。三國時，武昌是翁吳與魏蜀「互市」的據點。

唐、宋水道交通發展，武漢商品聚集，總量大增。唐賈至《秋興亭記》中稱漢陽有「吳蜀樓船」之盛，宋范成大《吳船錄》記述武昌鸚鵡洲前南市堤下，「沿江數萬家，廛閣甚盛，外郡未見如此」。因為是「川、廣、荊、襄、淮、浙貿遷之會，貨鞠之至者無不售。且不問多少，一日可盡」。

明代中啟期，漢口作為避風良港興起，商務日隆，與河南朱仙鎮、江西景德鎮、廣東佛山鎮並稱全國四大名鎮。清初劉獻廷《廣陽雜記》又把權口與北京、廣州、佛山共稱「天下四聚」，指其是我國西面最大商埠，「不特為楚省咽喉，而雲南、四川、湖南、廣西、陝西、河南、江西之貨，都在此為轉輸」。

清中葉以前，武漢三鎮兜通賴江、漢水系，省內汲鄰省的舟船率每交易繁盛，是內地各省農副土特產品的集散中心，以米、鹽、茶、木材、藥材、棉花、麻、桐油、糧食等為大宗。明萬曆元年

（1573）規定湖廣所屬衡、永、荊、岳、長沙等產糧地漕糧在漢交兌。清道光末年，「楚米濟江浙」達或四千萬擔，約占全國省際糧運的五分之一。清戶部還規定從江蘇儀征由發的淮鹽以漢口為「鹽岸」，分銷兩湖。清道光十一年（1831）運到武漢分銷湖北、湖南兩省的淮鹽約四億斤，「鹽務一事，亦足甲天下，十五省中未有可與匹者」。漢口漕糧交兌和鹽業的繁榮，對市場曾起過巨大的促進作用。

清中葉以後，歐風東漸，武漢已有由廣州轉運而來的外國商品。漢口闢為通商口岸後，與上海、天津、廣州、青島成為國內五大商埠，國外資本以此為據點傾銷工業品，掠奪農副產品。迨外國輪船進入內江內河，京漢鐵路相繼鋪設，水陸交通日益發達，國內市場與國際市塘的聯繫緊密，武漢不僅是內地最大的農副產品集散中心，也是進出口貿易的重要口岸。出口以脂油、棉、麻、米、豆、漆、木材、藥材、皮革、藥草、茶葉為大宗，進口以棉布、棉紗、石炭、煤油、蔗糖、銅、日遍百貨為主，五金機械、交電器材、醫藥、化工原料等商品亦陸續輸人，逐漸形成許多新興行業，商業隨之迅速擴大。光緒二十三年（1897），漢口口岸外貿總額為 7000 萬兩，宣統二年（1910）為 16000 萬兩，增長 1.3 倍，一九二八年高達 28000 萬兩，又比光緒二十三年增加 3 倍。外貿成交總額常居全國五大港口的第二位，僅次於上海。

清末，湖廣總督張之洞提出重視「商戰」，辦理商學、商會，以啟商智，創立商品陳列所和紗布絲麻四局，提倡實業。隨著國外先進機器、技術輸入，武漢民族資本主義工商業興起。一九二九年，漢口工商業資本 5099 萬銀元。其中念商業資本 3465 萬元，占 68%；工業資本 1319 萬元，占

清末漢口的中國傳統街道

26%；手工業資本 315 萬元，占 6%。

在一八九五至一九一○年的十六年間，武漢的對外貿易進入高速發展期。中日甲午戰爭後，中國社會建濟加深了半殖民地化程度。隨著宜昌、沙市、重慶、岳州等城市相繼開埠和京漢鐵路的開通，長江走廊的中心口岸漢口承東啟西，控北引南，與內地市場形成網絡，埠際貿易更加頻繁。外國和本地銀行的設立，信用制度的日漸擴大，外商行特別是日商行的激增，外國航運業在長江上的角逐和華商航運業的崛起，使漢口 外經濟貿易呈現空前活躍的局面，逐步形成外國洋商行—實辦—中國商人的經營網絡。

與此同時，在「實業救國，挽回利權」的思潮推動下，民營近代工商業的興辦勢不可遏，民營工業和民營進出口業往抵制外國貨、外資企業的產品傾銷中艱難發展，外國傾銷者之間的競爭也很激烈。在此期間，張之洞主鄂，實行「湖北新政」。在對外貿易方面，他創辦商務總局，以「開發商智，聯絡商情」；興辦「兩湖勸業場」陳設省內外及外國商品，以推動外貿交流；引進機器制麻、繰絲之法，「其價值頓增至三倍，專售外洋，行銷頗旺」；同時興辦實業，以「略分洋利」。三鎮的外貿取得長足的進步一八九六至一九○五年，漢口貿易增加三倍多。一九○六年，漢口進出口貿易額占全國貿易額的 12.04%，幾乎接近上海的水平。其後兩三年，漢口貿易額每年 13 億兩，「位於清國要

港之第二，將進而摩上海之壘，使觀察者豔稱為
『東洋之芝加哥（水野幸吉《漢口》）。

二、「買全國、賣全國」——交通助力 商貿發展

　　在新中國建立後的「一五」時期，武漢曾經成
為中國四大工業城市之一。雖然改革開放以來武漢
整體經濟在全國的地位有所下降，但是武漢的商貿
迄今為止在全國依然名列前茅。現在，武漢已成為
長江中游航運中心、中國四大鐵路樞紐之一、區域
性航空樞紐，被專家認為是中國內陸物流中心的理

武漢大商貿

想場所。

　　現在，從門到門的公路、站到站的鐵路、場到場的航空、庫到庫的管道、碼頭到碼頭的水運……依託鐵、路、水、空的綜合交通運輸優勢，商品一旦進入武漢，不僅可在市內、省內流通，還能通過四通八達的交通網緒輸送到華中乃至全國市境。立足武漢，商貿流通的「買全國、賣全國」更易實現。

　　另外，武漢地處全國經濟地理中心，具有物流企業發展成本效率優勢。《福布斯》根據城市勞動力成本、稅收成本等五個指標最新發佈的企業投資經營成本指數顯示，武漢在十九個副省級以上城市中排名第五，物流企業在武漢投資和經營的成本較低。

　　「中國內需消費的前沿在武漢」，正如湖北省委領導所說，武漢已逐步成為全國主要消費中心之一。二○一二年，武漢實現社會消費品零售總額三千四百二十七億元，同比增長 15.8%，增速超過全國平均水平，除各直轄市，在國內副省級城市中僅次於廣州和深圳，位居第三。根據既定目標，武漢市社會消費品零售總額到二○一六年年底將達到六千億元。

　　武漢作為中國中部物流龍頭地位也受到了國際的認可。據聯合國採購機構統計，全球在中國中部地區採購貿易額已突破八千億元，而作為中部商貿、貨運流通的樞紐，武漢已成為未來中國中部地

區乃至全國的國際商品交易「櫃台」。

三、商貿市場主體數量、專業化市場　　與電子商務的發展與提檔

近年來，武漢商貿市場不斷升溫，規模不斷壯大。截至二〇一二年五月的數據顯示，全市共有商業機構一萬多家，商品交易市場近千個，家樂福、沃爾瑪、麥德龍、易初蓮花、百安居、群光、新世界等全球主要外資商企在武漢開店數量超過三十六家，各類連鎖經營網點發展到六千多個。未來五年，武漢還將投資七百億元，推動建設三十個以上重點商業項目，提升十大商圈的商貿服務能級，改造建設十個特色商業街區，培育十七個新興區域商業中心。屆時，武漢市民及遊客可享特色鮮明、購物便利、配套完善的現代化都市商圈。

商貿市場主體數量不斷增多、實力有所增強，特別是以武商集團、中百集團、中商集團、九州通為代表的一批有實力的本地市場主體，逐步從武漢走向全國。武商集團、中百集團被列為國家商務部重點培育的流通企業集團；武漢商聯集團躋身全國綜合商業集團第三名；九州通發展成為全國最大的醫藥商業流通企業之一，連續六年位列中國醫藥商業企業第三位、中國民營醫藥商業企業第一位。

在滿足本地消費市場需求的同時，這些商業連

鎖集團也加快向省內、全國擴張的步伐。僅中百集團，截至二〇一一年年底，就擁有倉儲超市二百零三家，在武漢市以外開業的數量占比超過百分之六十五（湖北省內 76 家，重慶市 56 家）。中百倉儲注重實體店發展的同時，也發展網上購物。中百倉儲的網上超市二〇一三年八月全新上線，消費者網購後，最快當天到貨。

武漢國際廣場內景

武漢的專業化商貿市場發展勢頭十分迅猛，商貿物流積聚優勢不斷放大。擁有「天下第一街」美譽的漢正街，正整體搬遷至「漢口北」新市場，迎來提檔、改造、升級的新機遇，著力打造以多門類批發市場為核心，以大型商業廣場、物流中心、電子交易平台等為配套的國際化交易超級市場，截至二〇一二年，已吸引三千多家商家和二千多個品牌入駐。

香港德大集團投資六十億元建設的四季美農貿城邊全國唯一一個擁有自建碼頭、鐵路專用線的批發市場，是華中最大的果蔬批發市場，全部建成後將成為中國規模最大、品種最齊全、物流設施最完備的農貿產業大航母。

二〇一一年十一月，投資十二億元的華中地區最大冷鏈物流項目——「聯想供應鏈白沙洲冷鏈項目」在漢奠基，項目建成後，可輻射帶動華北、華東、華南、華中及西部地區農副產品的加工、貯藏、運輸、分銷和零售，成為華中最大的喪產品交易中心和「一站式」採購平台。

中國漢交會——致力於打造中國內需貿易第一展——於二〇一〇年舉辦首屆展會，首屆展會吸引了中部六省五十家大批發市場組團參會，使漢交會升格為全國性重要展會。漢口北國際商品交易中心針棉製品、日用品兩大市場同期開業。藉助歷屆漢交會強大的市場聚合和政策助推能量，正發揮產業聚集和市場集散的力量，加速打造中國最大的消費

品內需交易平台。

　　武漢電子商務新業態迅猛發展，正加快「三網融合」試點建設，把武漢快速打造成國家電子商務重鎮。武漢市在二○一○年成為「三網融合」試點城市。二○一一年，成為全國首批電子商務示範城市，被評為「中國電子商務最具創新活力城市」。武漢依託豐厚的物流商貿條件，不斷推動電子商務的發展，武漢電商事業的發展如火如荼。

　　武漢市是首批獲准進入全國十二個三網融合試點城市之一。武漢以此為契機，稅極推進「武漢模式」的三網融合試點，三網融合類套餐將走向家庭，百姓日常生活從信息化趨向智能化，進行互聯互通、資源共享，為用戶提供語音、數據、廣播電視等多種服務。

　　這種推進三網融合業務的「武漢模式」系全國首創。據估算，三網融合後，每年將直接拉動武漢市社會投資五十億元，光通信產業和通信服務業增加產值一百二十億元以上，為武漢電子信息產戴五年內實現跨越式發展的產業目標奠定堅實基礎。

　　二○一一年，武漢市正式獲批全國首批電子商務示範城市，表明武漢市近年來在無線城市、光通信城市、三網融合等方面取得了重大進步。據武漢市商務局發佈的數據，二○一○年，武漢市有電子商務企業四萬家，其中規模以上電子商務企業一百零二家，總產值為一百八十億元。

　　為了加快武漢電子商務的發展，打造中部電子

商務重鎮，武漢市政府通過專項補貼和政策扶持來支持電子商務的快速發展。二〇一三年十二月，武漢市政府常務會原則通過《加快發展與運用電子商的若干意見》，二〇一四年將專門拿出兩億元扶持電子商務的發展，世界五百強、國內百強企業在漢設立電子商務總部、區域總部最高可獲千萬元補貼。規劃在二〇一六年前，引進十五家國內二十強電子商務巨頭在漢設立總部、區域總部、數據中心及結算中心。

四、保稅物流區 —— 大商貿背後的護航者

由於區位優勢獨特，武漢目前已成為長江中游航運中心、中國四大鐵路樞紐之一、區域性航空樞紐，被專家認為是中國內陸物流中心的理想場所。據統計，二〇一一年武漢市社會物流總額已達 17683.06 億元，年均增長率達到 31.76%，超過全國平均水平的 10%左右。根據規劃，到二〇一五年年末，武漢物流業增加值將達 1200 億元，衝刺中國內陸「第一物流樞紐」。

作為全國九大物流區域、十大物流通道中的中心城市和樞紐城市、二十一個全國性物流節點城市之一，武漢市於二〇〇九年被國務院確定為中部物流區的中心，二〇一〇年被商務部授予「全國流通

領域現代物流示範城市」。

據武漢市商務局負責人介紹，在打造國家商貿物流爭心的過程中，商務部門將努力在商品交易和專業市場中打造一批體現國家中心城市聚集和輻射功能的「武漢價格」指數，將武漢建設成國內貿易的重要交易地、國際品牌的主要聚集地。

保稅物流區越國針區域時外開放程度最高、運作機制最便捷、政策最優惠的區域之一，已成為區域經濟發展最重要的組成部分。根據（武漢物流發展「十二五」規劃》，「十二五期間，武漢將產型、生活型和創新觀型三大輸流產健群，包括擴大保稅物流規模，將武漢打造成為長江中游地區保稅物流中心。

武漢目前有兩個保稅物流區，東西湖保稅物流區和東湖綜合保稅區於二〇〇八年和二〇一一年先後獲批設立，加上位於武漢經濟開發區的出口加工區，武漢市匯聚了三大海洋特殊監管區。

據東西湖保稅物流中心負責人介紹，已經封關運行的東西湖保稅物流中心，先後為富士康、長飛等全國五十多家企業提供通關服務，輻射湖北、江西、河南、山西、廣東、浙江、上海等近十個省市，選些都使得武漢的物流樞紐和中心城市地位並一步強化。

以物流節文化推動武漢市物流產業的發展。二〇一二年十一月，武漢市舉辦了主題為「現代物流城市發展」的第九屆中國國際物流督參展企業超過

四百家，簽約項目總額達三百億元人民幣，規模創歷屆之最。武漢正是借位武漢快速發展的物流產業、打造國家商貿物流中心的優勢獲得本屆物流節的主辦權。

同時，在舉辦的中國國際物流節上，武漢市政府和第九屆中國國際物流節組委會聯合發起成立「中國物流城市聯盟」。據中國國際物流節組委會負責人介紹：「中國物流城市聯盟」的成立旨在加強城市物流業界的合作與交流，推動物流在城市、地區、國家、世界範圍內的大發展。

為實現建成中國國家級物流中心的目標，武漢市計劃投資一千一百億元加快發展現代物流業，其中包括製造業物流、商貿物流、農產品物流、物流基礎設施和物流信息化建設五大類，共一百七十三項；武漢還將形成以本地為區域物流組織中心的輻射系統佈局，包括一小時輻射省內主要城市、二小時輻射中部省會城市、四小時輻射北京、上海、廣州、重慶等中心城市、十二小時輻射區域國際城市、二十四小時輻射全球城市的設施系統。

二〇一三年十二月，武漢市政府頒佈《建設國家物流中心意見》，出台《引進物流龍頭企業總部在漢落戶扶持政策和扶持物流企業做大做強實施辦法》，助推武漢國家物流中心建設，將物流業打造成武漢千億產業。

武漢市交委相關負責人介紹，根據《辦法》，武漢將重點引進世界物流企業一百強、國內物流企

業五十強，並給予優厚政策。如總部物流企業入駐，自企業總部納稅之日起，三年內任意一年對武漢市稅收貢獻達到五百萬充以上按照當年實際稅收貢獻額的百分之二十給予一次性開辦補助。

按照中長期規劃，二〇一五年，武漢將基本建成中國重要的物流中心，進入全國物流先進城市行列，物流業增加值實現翻番，由二〇一一年的五百六十二億元增加到一千二百億元。到二〇一六年，爭取社會物流總額達到三點五萬億元；物流產業增加值達到一千五百億元。二〇二〇年年末，基本建成服務全國、輻射亞龍、面向世界的國家物流中心。

第六章

大科教

科學技術是第一生產力，人是生產力中最革命、最活躍的因素。放眼全球，眾多因科技而興盛的城市，在新經濟時代發展得更快、更有活力、更有朝氣。如美國的波士頓，通過實施創新驅動型城市發展戰略，實現了從美國「工業革命搖籃」向創新中心的華麗轉身；帕羅奧多則因與「硅谷」和眾多國際頂級高校毗鄰，在短短數十年間，從無名小城一躍成為享譽全球的高科技研發中心。

　　科技創新能力是衡量和推動經濟社會發展的關鍵指標與持久動力。世界創新型國家的發展經驗表明，科技自主創新已成為促進國家發展的主導戰略，科技進步貢獻率大約都在百分之七十以上。對處於發展之中、改革之中的中國而言，科技自主創新就像一種精神標竿，把握著國家發展的脈搏，催促著城市建設的步伐。

科教力量是經濟社會發展中的先導力量，而武漢市也緊緊抓住這個關鍵因素，作為長期發展戰略來實施。一九八七年，武漢在全國省會城市中第一個確立「科教立市」基本市策。一九九六年，《武漢市科學技術進步條例》頒佈實施。二〇〇六年，市委、市政府隆重召開新世紀第一次科學技術大會，出台《關於增強自主創新能力爭創國家創新型城市的決定》。

自二〇一一年以來，武漢市依託本地優勢科教資源、豐富人力資源來促進科技自主創新發展，提高自主創新水平，做大做強高新科技產業，努力把武漢市建設成為國家創新中心。

「表達 CD56 分子的 T 淋巴細胞」的成功發現」世界首台數字正電子發射斷層成像儀」的成功研製、「全球首張水稻全基因組育種芯片」的開發、「全球首個互聯網業務感知和內容識別國際標準」的制訂，武漢市在科技創新領域獨樹一幟，成果奪目。一項項的科技創新成果，引領著大武漢經濟社會的大發展，不斷增強著武漢的城市創新能力。

一、「只要是有利於大學發展的事，都堅決去做」

科技的創新需要堅實的人才基礎，需要雄厚的科教資源為積澱。歷史反覆證明，發展科技類鍵在

表達 CD56 分子的 T 淋巴細胞

二〇一二年，武漢大學基礎醫學院教授侯煒和武漢大學動物實驗中心霍文哲教授團隊在進行合作研究時，發現了一種名為「表達 CD56 分子的 T 淋巴細胞」具有抗愛滋病病毒感染的作用。該項科研成果發表在二〇一二年八月份美國著名國際學術刊物《淋巴細胞生物學》雜誌上。

教育、核心在人才。人才培養最關鍵的是大學。尤學是知識的殿堂、人才的搖籃、文明的顧地、思想的載體、創新的基地。

「觀代大學之母」德國洪堡大學，與黑格東、普朗克、愛因斯坦、馬克思等一批巨擘的名字聯繫在一起，被黑格爾評價為「沒有洪堡太學就沒有光輝燦爛的德意意文明」。作為城市的管理者，更要把大學作為城市的立城之基。大學與城市血脈相連，共生共榮。

作為中國科教重鎮的武漢，擁有八十五所普通高校（「985」高校 2 所、「211」高校 7 所），截至二〇一三年一月的數據顯示，在校大學生和研究生總數已超過一百一十八萬人，超過了北京、上海、紐約、倫敦、莫斯科、巴黎、柏林、東京等知名國際大城市，位居全輝全球大城市中第一名。

同時，武漢擁有一百零六所各類科研機構、六十三名兩院院士、二十個國家級實驗室、二十家國家級工程（技術）研究中心，科教綜合實力居全國第三。武漢市智力資源和人力資源的豐富程度，幫北京、上海不相上下；相比其他城市，則擁有更加突出的數量優勢和成本優勢。在新世紀、新經濟時代，這已成為武漢市最重要的資源。

武漢市委書記阮成發在《武漢——我心中的二〇四九》中指出：只要是有利於大學發展的事，我們都要堅決去做；只要是不利於大學發展的，我們都堅決不做；只要是妨礙大學發展的，我們都要

堅決反對。要像呵護生命一樣，呵護我們的大學。如果全市人民都有這樣的共識，武漢一定會前途遠大。

眾多的高校和科研院所，也為武漢市培育了大量人才。特別是在測繪、地理信息、激光、光電子等領域，其雄厚的科研、人才實力，使武漢在國家重大工程項目中屢立奇功，大大提升了武漢在中部乃至全國經濟社會發展中的地位。

統計表明，在測繪領域，在武漢工作或從武漢走出的院士多達十一位，占全國該領域院士數量的一半以上，測繪遙感力量，被稱作全中國最強的「天地國家隊」，其研究成果在南極科考、抗震救災等國家重大項目及活動中發揮了舉足輕重的作

眾多的高校畢業生

用。

在地理信息領域，武漢擁有全國最早開設此類專業的多所高校，如原武漢測繪科技大學（已並入武大）、中國地質大學（武漢）、華中科技大學等，相關專業畢業生數量居全國前列、武漢東湖高新區國家地球空間信息及應用服務創新型產業集群入選全國第一批創新型產業集群試點。

在光電子領域，「中國光谷」不僅擁有以武漢光電國家實驗室為代表的一批國家重點實驗室，而且以企業為中心的創新力量不斷增強，一批國家級重點實驗室、技術中心相繼落戶企業。到二〇一五年，武漢光電子信息產業總收入將實現五千億元，年均增長速度超過百分之三十六。培育年銷售收入過五百億元企業一至二家、過百億元企業五至六家。企業累計新增主導制訂國際標準、國家標準和行業標準一百項。

二、科技創新與三大國家級開發區

武漢市目前琅成東湖新技術開發區、武漢經濟技術開發區和武漢臨空港經濟技術開發區瑾個國家級開發區「三足鼎立」的局面，形成「大光谷」、「大車都」、「大臨空」各具特色的產業開發區，成為科技創新的重要平台。

東湖高新技術開發區自二〇〇九年十二月被國

家批准為繼北京中關村之後的第二家國家自主創新示範區後，以勇於創新的改革精神，不斷走在中國科技創新的最前沿。開發區開啟了一系列改革和發展規劃，啟動了股權激勵、科技成果轉化、科技金融創新、「人才特區」等試點，激活了武漢市科技創新之風。

在科技部二〇一三年公佈的全國開發區評價中，東湖高新區綜合排名由原來的第四名躍升至第三名，其中園區知識創新和技術創新能力在全國高新區排名第二。綜合排名前兩位的，分別是北京中關村和深圳高新區。這是對武漢市科技創新發展成果的認可，同時也是對武漢建設全國創新中心以及國家中心城市的莫大鼓舞。

武漢經濟技術開發區近年來遂步完成從「武漢製造」到「武漢創造」的轉變，在武漢市大力實施系列優惠政策和資金扶持下，不斷引進高新科技人才，鼓勵企業自主創新，持續轉變經濟發展方式，截至二〇一三年年底，三十多家研裝機構相繼落戶，年總產值每年以百分之二十五的速度增長，已形成千億元產業一個、百億元企業三個。

二〇一〇年，吳家山經濟開發區上升為國家戰略層面的國家級經濟技術開發區，享受現行國家級經濟技術開發區的政策。二〇一三年五月，吳家山經濟技術開發區更名為武漢臨空港經濟技術開發區，成為國內首個發展臨空經濟的國家級功能區。其規模以上工業總產值四百六十二點九七億元，位

居新城區第一、各區之首。目前，「武漢客廳」已建成，成為武漢文化新地標。

除此之外，在科技創新特色園區建設上，武漢扎實推進特色園區建設，注重特色產業發展、特色園區建設，使武漢市的科技園區有了突破式的發展，不斷構築武漢市科技自主創新的核心競爭優勢。光谷生物城、未來科技城等特色園區是武漢市推進科技創新的一大舉措。

同時，武漢市啟動新能源環保產業園——湖北省第一個低碳工業示範園區，中冶南方機電產業園快速推進，中華科技產業園、中新科技園積極推進，這些園區與眾不同在於，重點突出產業特色，打造優勢產業，走科技自主創新道路。

光谷生物城延伸至廟山、吳家山和沌口三大產業園區，輻射武漢「1+8」城市圈，拓展為整個湖北區域，以生物服務外包、生物製藥新興產業為主導，大力培育以中藥現代化和生物農業為主的優勢產業，矛頭直指武漢市第二大支柱產業及又一個千億元產業。

武漢未來科技城——國家四大未來科技城，武漢規劃面積最大——按照「國際領先、世界一流」的標準建設，以光電子信息、生物醫藥、能源環保、現代裝備製造及其他新興產業的研發為重心。武漢未來科技城將吸納十萬科技工作者，計劃實現企業收入二千億元。

另外，武漢韓國產業屬——中部地區首個專為

武漢客廳

武漢客廳是座集文化藝術品展示交易、影視創意產業基地、高端酒店會議服務於一身的城市文化綜合體，系國內首創，建成後不僅成為武漢新的城市標誌，還將成為中部地區最具影響力的文化展示交流平台。

武漢未來科技城

二〇〇八年中央組織部、國務院國資委作出建設未來科技城的重大戰略部署，並選擇北京、無津、武漢、杭州作為先期試點城市。

外國企業打造的產業園——在吳家山經濟技術開發區開建，重點發展汽車零部件製造、裝備製造等產業和健康生物食品。該園區對於外資企業、品牌的引入與落戶起到非常重要的作用。

中華科技產業園——首個華人華僑專屬創業特區——於二〇一二開建，專為華僑華人提供從落地到創業、創新、生活及休閒一體化的綜合配套服務。同年開建的中新科技圈是繼蘇州工業園區、天津生態城和廣州知識城後國內「新加坡第四城」。

豐富的人力資源為企業的研發、核心技術攻關提供了關鍵性的智力支撐。這也成為武漢市吸引國內外知名企業入駐的重要因素。近年來，武漢市吸引了 IBM、微軟、西門子、NEC、富士康、華為、中興等一大批包括世界五百強在內的高新技術企業落戶。二〇一〇年，IBM 中部地區首個全球服務中心落戶武漢，該中心負責人表示，正是武漢獨特的人才優勢和地理優勢讓 IBM 動心。

三、武漢正在成為中國公認的知識與　創新中心

科教、人才優勢也使武漢頻頻受到國家政策的青睞。二〇〇九年十二月，繼北京中關村之後，國務院批准武漢東湖高新區為國家第二個自主創新示範區；二〇一〇年，武漢市又獲批成為國家創新型

試點城市。

除此之外，武漢自身把科技人才的培育和引進視為一項重大工程，以此構築科技創新的核心競爭力，同時，積極構建科技創新的平台，夯實科技創新的堅實基礎。

武漢於二〇〇九年和二〇一一年先後實施「3551人才計畫」和「黃鶴英才計畫」以來，積極打造「人才特區」試點，共引進國家「千人計畫」人才一百七十名。二〇一二年全市新增國家級研發平台二十一個，八家企業成為國家創新型企業。五年專利授權途到三點八萬件。一百一十四項科技成果獲得國家級獎勵。二〇一三年新增兩院院士十六名，總數達到六十三名。

積極打造「人才特區」試點，從二〇一〇至二〇一三年，武漢光谷將在光電子信息、生物、清潔技術、現代裝備製造、研發及信息服務五大產業，引進和培養五十名左右掌握國際領先技術、引領產業發展的科技領軍人才，一千名左右在新興產業領域內從事科技創新、成果轉化的高層次人才，以期在國際金融危機中，抓住一些發達國家企業破產、裁員、科研經費緊縮、高層次人才加速流動的機遇。

積極賣施「青桐計畫」鼓勵大學生到科技企業孵化器創業，支持有條件的孵化器建設大學生創業特區，以此激發和引導更多的大學生創新創業。

依託強大的智力密集資源，武漢在知識創新方

3551人才計畫

『3551人才計畫』是指未來三年內，東湖高新區以高新技術產業化為主題，以海外高層次人才為重點，以企業為載體，在光電子信息等五大重點產業領域，引進和培養五十名左右掌握國際領先技術、引領產業發展的領軍人才，一千名左右在新興產業領域內從事科技創新、成果轉化、科技創業的高層次人才。

黃鶴英才計畫

「黃鶴英才計畫」是指爭取到二〇一五年有重點地引進和培養一百名左右具有世界領先水平的創新團隊核心成員或領軍人才，一千名左右具有國內領先水平的高層次創新創業人才。

「兩圈一帶」大學生就業招聘會現場

面走在全國的前列，並且受到了國內國際的認可。二〇一二年，武漢摘得國家知識產權示範城市「金牌」。武漢市在全國五十多個城市申報國家知識產權示範城市的評選中以總分第一摘得國家知識產權示範城市的「金字招牌這塊全國保護知識產權最佳示範城市的金字招牌，將成為武漢市面向全國科技創新產業招商引資的加分牌。

在世界銀行聯合中國國務院發展研究中心發佈的《2030 年的中國》研究報 中，武漢被列為「正在成為（中國）公認的知識與創新中心」城市。在世界銀行看來，武漢正屬於「有幸能吸引到超過某個門檻的世界級企業或世界級技術研發中心的城

市」，而且「已經實現這種跨越，正在成為公認的知識與創新中心」。

四、科技創新與金融創新的融合

對商機有著敏銳嗅覺的金融企業，也在武漢市突出的「大科教」優勢中發現了巨大的潛力。近年來，漢口銀行、中國銀行、交通銀行等金融機構紛紛在漢推行科技金融創新，設立科技金融中心或推出科技金融產品及服務。二〇一〇年十二月一日，漢口銀行科技金融服務傘心正式對外營業，立足光谷、輻射全國，通過搭建專業的科技金融服務操作平台，能夠為廣大科技型企業提供一站式、多功能、綜合性的金融解決方案。

到二〇一三年年底，已有中國人民銀行、交通銀行、招商銀行、太平洋保險等三十三家大型金融機構在武漢設立或正在籌建金融後台服務機構，入駐武漢的金融後台服務機構數居全國第一位，同時還有超過二十家金融機構表示要在武漢建立後台服務。

科技創新與金融創新通常是相輔相成、融為一體的兩大創新引擎。「產業發展往往源於科技創新，而成於金融創新。」中關村管委會副主任楊建華表示。因而，武漢推進科技和金融融合發展步伐正在加快，建設全國重要的科技金融中心就尤為重

要，而且武漢已在科技金融創新中做了有益的探索。

武漢東湖高新區「資本特區」正是科技創新與金融創新融合的典範，其效應已經顯現，正在搶占中部科技金融創新戰略制高點。東湖高新技術開發區為打造「資本特區」，辦台了政府獎勵、購租房補貼、稅收返還、人才引進、企業上市、環境優化等一系列優惠政策來促進科技與金融有效結合，以自主金融創新來推動科技成果產業化，將武漢市的科教比較優勢轉化為經濟發展優勢。

另外，武漢科技金融創新俱樂部的成立也是武漢金融創新的典型，不但給湖北科技型中小企業的發展帶來了利好，同時，也對建立科技金融服務新模式形成促進。這一平台的目的在於發揮信息共享、激勵約束、孵化做強、優勝劣汰四大功能，來推動湖北省科技型命小企業做大做強，加快推進武漢科技金融創新試點城市建設。

科技似乎與文化並無瓜葛，但科技創新為文化的創新提供了技術可能，並且這一可能正在逐漸地轉化為經濟效益，科技與文化成為未來文化產業發展的新趨向。自中央開闢這一文化發展戰略以來，武漢在這方面敢作敢為、先行先試，已經走在全國的前列。

自武漢東湖於二〇一二年被列為中國首批十六家國家級文化和科技融合示範基地後，武漢正式啟動建設國家文化和科技融合示範區建設。《武漢市

「十二五」文化發展規劃》也提出，加快文化與科技的融合，推進文化產業結構轉型升級，重點發展具有文化因素與科技含量的傳媒出版、動漫遊戲、創意設計等產業。

另外，最引人注目的是武漢圍繞「文化五城」建設，啟動了文化與科技融合十大示範工程，其中包括數字圖書館、數字出版產業發展、民族文化科技保護、文化演藝產業發展、高科技博覽、「工程設計之都」、「三網融合」、動漫遊戲、多語雲翻譯、「教育雲」這都使武漢在文化與科技融合方面首屈一指，進入全國三甲之列。

第七章

大光谷

世界一流的高精度等離子切割機、四個國際電聯標準，中國第一根光纖、第一個光纖傳感器、第一台半導體激光器，中國第一家國家級的光電子產業基地……這些「第一」都有一個共同的誕生地——中國光谷。光谷，已成為武漢科技創新的制高點、中國 IT 行業的新一極，為武漢市的經濟快速發展裝上新的引擎。

一、「光谷」——中國光電子之都

中國第一根光纖

一九七六年，中國第一根光纖在武漢郵電科學研究院誕生。一九八二年十二月三十一日，全國第一條實用通信光纖光纜在漢鋪設，全部使用國產光纖，從漢口合作路到武昌民主路，全長十三點三公里。一九八三年，這段光纜系統正式投入電話網使用，標誌著中國光纖通信走向實用化階段。

趙梓森

趙梓森（1932 年 2 月40-），廣東中山人，武漢郵電科學研究院高級技術顧問，中國工程院院士，國際電氣電子工程師協會高級會員。他是我國光纖通信技術的主要奠基人和公認的開拓者，被譽為「中國光纖之父」。

二十世紀末，繼 IT 產業之後，世界光電子產業勃然興起，成為全球高新技術產業的最新前沿領域。三十年前，中國第一根光纖從武漢南望山拉出，武漢成為光電子產業前沿陣地。慢慢地，這裡成了中國最大的光纖光纜、光電器件、光通信技術、激光產業基地，「武漢‧中國光谷應運而生，光電子產業成為光谷的絕對主導產業。

當美國、日本、德國、英國等發達國家競相制定應對措施迎接光電子時代到來之際，被譽為「中國光纖之父」的趙梓森院士多次提出在武漢構建「中國光谷」的設想，並聯名二十六位院士向國務院提出該項建議。

湖北省、武漢市的決策者們也高瞻遠矚，以超前的戰略眼起和膽識，審時度勢，搶抓機遇，以光電子信息產業來發展地方經濟，努力實現湖北省的重點跨越。二〇〇〇年五月，省、市領導作出建設「武漢‧中國光谷」的重大決策。二〇〇一年，原國家計委和科技部正式批覆同意依託武漢東湖新技術開發區建投國家光電子產業基地，即「武漢‧中國光谷％最終，「中國光谷」花落武漢，開啟 T 武漢市光電子信息產業發展時代。

中國光谷的建設與發展凝結了幾屆國家領導人、部委領導、省市領導以及社會各界的智慧與支持。自光谷開建以來，先後有多位國家領導人視

察光谷，二○○五年八月，時任國家總書記的胡錦濤同志視察武漢光谷，充分肯定了光谷通過開發具有自生知識產權的核心技術和關鍵技術，發展特色高新技術產業的做法。同年六月，時任國務院總理的溫家寶同志視察北京中關村時，專門講到要把武漢東湖高新區的光電子信息產業做大做強。

「中國要走創新驅動發展道路，不能做其他國家的技術附庸，類鍵技術要靠自已」，二○一三年七月，習近平總書記在視察光谷的時候如是要求。他勉勵道，中國實現兩個百年目標、建成現代強國之時，自然就是大師輩出之時，期盼中國光谷湧現更多優秀科技人才。這給正處於上升期的光谷發展提出了更高的要求，其 任之重，其任務之根。可見一斑。

湖北省委領導對光谷更是寄予厚望，在二○一二年光谷調研時指出，「光谷一定要瞄准世界一流，打造創新之谷，為建設科技武漢，推動全省科技創新作出示範和表率」，給全國起步最早，國家三大自生創新示範區之一，全國唯一光電子產業基地── 武漢中國光谷打了一劑強心針。

半城江色，半城湖光。東湖新技術開發區就依偎在這裡，自一九八八年成立以來，迎著中國的改革大潮，依託境內雄厚的科教資源，取勢而為，經過二十多年的發展，成績卓著，成功進位全國開發區前三甲。它是光谷科技創新的主體，作為光谷核心競爭力的重要體現，已成為中國國際競爭力的知

名品牌。

　　新世紀以來，東湖新技術開發區的發展獲得更大的突破。二○○九年獲批國家自主創新示範區，成為繼北京中關村後我國第二家國家自主創新示範區。之後，不斷推進示範區各項試點工作，啟動了股權激勵、科技成果轉化、科技金融創新、「人才特區」等試點持續創新，據統計，二○一三年，東湖開發區企業總收入途到六千五百一十七億，躍居全國第三位，落後於北京中關村和深圳高新區。

　　科教優勢是光谷發展的重要優勢，也是科技創

中國光谷

新的重要財富。光谷充分發揮區域科教優勢，整合國內外資源，堅持走自主創新「發展特色產業之路，搶占全球科技領域的制高點」，用光的速度演繹新的輝煌，實現了超常規和跨越式發展。實現企業總收入由二〇〇〇年的二百五十二億元上升到二〇一三年的六千五百一十七億元，工業總產值由二〇〇〇年的二百一十三億元上升到二〇一三年的五千零八十六億元，形成了以光電子信息產業為龍頭，生物產業、新能源與環保產業、現代裝備製造業、研發與信息服務業競相發展的產業格局。

如今的光谷是中國光電子信息技術實力最雄厚的地區，最大的光纖光纜及光電器件基地、最大的光通信技術研發基地、最大的激光產業基地。這裡聚集著二千多家高新技術企業、五十多所國家級科研院所，是中國智力最密集的地區之一。「中國光谷」的發展歷程堪稱武漢發揮比較優勢，將技術優勢轉化為產業優勢、實現跨越式發展的「經典之作」。

美國舊金山市市長李孟賢在二〇一三年友好訪問光谷後大發感嘆，對光谷的高新技術讚嘆不已。認為光谷發展的光纜光纖技術、生物科技、軟件等領域，均具備了和硅谷相同的框架，「光谷在向硅谷靠攏。」並且，他樂觀預計，「光谷五年趕上硅谷」。

二、厚積薄發，光谷千億產業接連湧現

作為中國最大的光電子研發和生產基地，光谷不僅匯聚了惠普、微軟、思科等世界知名科技公司的中國分部，更是華為、中興、烽火等這些本土鉅子的密集佈局地。

作為和北京中關村齊名的「國家自主創新示範區」，光谷吸引了近百萬全國乃至全球的科技菁英匯聚這裡，就像當年的比爾‧蓋茨、喬布斯奔赴美國西海岸，創造著一個個新的奇蹟。

如今，「中國光谷」在光纖通信、激光、光電系統、光電材料及器件等生產和研發領域，具備國際先進、國內領先的水平和突出優勢。截至二〇一二年五月，」中國光谷」的光纖光纜生產規模居全球首位，國內市場占有率66%、國際市場占有率

烽火科技通信光纖光纜製造車間

25%；光電器件國內市場占有率達 60%，國際市場占有率 12%；激光產品國內市場占有率一直保持在50%左右。二〇一二年，區內光電子信息產業企業總收入接近二千億元。

武漢光谷擁有鋒火通信、長飛光纖、武漢光迅、楚天激光等一批在全球具備研發和產業競爭優勢的光電子信息企業集群。

作為光電子領域的重點企業之一，二〇〇〇年啟動建設中國光谷時，長飛光纖光纜有限公司的產品銷售額世界排名第十六位，多模光纖的國際市場占有率為 10%，居世界第五位。次年，全球光電子產業大調整，光纖產業發展遇到了「寒流」，公司

爆火科技通信製造車間

二〇一二年十一月二十九日，從迪拜舉行的世界電信標準大會上傳來振奮人心的消息：由武漢郵科院在國際電信聯盟 ITU-T 第 13 研究組主導制訂的 Y.2770 標準獲得世界電信標準大會最高級別會議批准，正式成為國際電聯標準，也是全球首個互聯網業務感知和內容識別的國際標準。

進行技術改造，搶占國際市場，二〇〇八年，國際市場占有率上升到 12%，並趕超了日本藤念、美國康寧等行業龍頭；二〇〇九年國際市場的占有率上升到 25%，世界排名上升到第 1 位。二〇一二年，公司產值成功突破六十億元。過去十年中，雖然光纖價格降了 90%，但長飛光纖公司的產值仍年年增長。

二〇一一年十二月，武漢郵科院在高速光通信實時傳輸關鍵技術的研究上取得突破，實現在一根光纖上傳輸的數據量超過 240Gb/秒，超過美國科學家創造的 110Gb/秒，又一次在光通信領域刷新世界紀錄。

「一流企業賣標準，二流企業賣品牌，三流企業賣產品」，武漢正在打造中國「光谷標準」，比肩硅谷。二〇一二年年底，武漢郵科院主導制訂的 Y.2770 標準，成為全球首個互聯網業務感知和內容識別的國際標準。同時，武漢郵科院還提前啟動了相關項目開發，並得到國家八百六十三項目支持。

在創新的浪潮中，全球、全國生物產業「大腦」密集佈局光谷。武漢，躍升為全球生物產業的重要聚集地之一。一輪生物產業的朝陽，正在光谷噴薄而出。「目前光谷生物城有一百五十多個研發項目，幾百個產品在孵化。按照國際經驗和產業發展週期，未來幾年，光谷生物城必定迎來成果爆發期。」中科院院士、武漢生物技術研究院院長鄧子新表示。

美國輝瑞、德國拜耳、英國葛蘭素史克、美國霍尼韋爾四家世界五百強的加入，全球頂尖的基因研究公司、全球領先的新藥研發外包公司、全球一流的農業育種公司；中國第一醫藥物流國藥控股，中國畜牧安全第一品牌中牧股份，全球排名前十的生物巨頭中，七家已經或意向入駐。

　　在生物製藥產業、生物醫藥領域，這裡有十四位兩院院士、全國唯一的 P4 實驗室、二十六個國家級實驗室和工程技術中心。而光谷生物城「六大平台」的建設，使得武漢成為中國生物產業的最佳掘金地之一，為光谷生物製藥產業衝擊千億產業目標奠定了智力與人力基礎。

光谷生物城——人福科技實驗室

未來，高新區將在光電子信息、生物醫藥等重點產業領域展開試點，逐步實現研製一百五十項以上國家標準和行業標準等多個目標。旨在促進高新技術和戰略性新興產業發展，增強企業自主創新能力，提升企業產品競爭力，推動東湖示範區建立科研、標準、產業同步機制的形成。

　　繼光電子信息產業之後，高新技術服務業產值也首次邁入千億元大關，是「光谷」第二個「千億產業」，二〇一三年，達到一千零二億元，同比增長 31.67%。高技術服務業產值從二〇一一年的七百六十多億元起增至千億元，主要得益於其服務外包和金融後自服務業的迅遞壯大，以及功模創意、地球空間資訊等行業張變式發展。光谷已成為全國最大的金融後臺服務中心和中部最大的服務外包產業疏集地。

華工藏光實驗室

未來。光谷有望意來第三個千億元產業——環保節能產業。目前，光谷現已開始籌進華中地區首個環保節能科技企業孵化器，力爭通過一到兩年的努力，使環保節能產業成長為光谷的集三個千億元產業，進入國家新興產業第一陣營。搭統計，東湖高新區有重點環保節能企業三百一十餘家，二〇一三年總收入突破七百億元。達到七百七十億元。

據東湖育新區產業發展和科技創新局負責人介紹，建立環保節能孵化器，意在發揮光谷節能環保產業科技資源優勢通過加大對中小型環保節能科技企業的支援形成一批國內領先的節的環保產品推動環保節能產業集群發展。

在研發領城，「中國光谷擁有以武漢光電國家實驗室為代表的一批國家重點實驗室，以企業為主體的創新力量不斷增強，不少國家級重點實驗重和技術中心相繼在企業落戶。全球首台七十一英寸微光電視中國首台具有自主智慧財產權的紅光高清視訊光碟機、中國首汽車車頂管意光線上焊接系統等批科研成果密集湧現。

正是由於武漢在光電頓國內首屆一指的科研創新能力和產業集群優勢。在世界銀行聯合國務院發展研究中心發佈的《2030 年的中國：建設現代、和諧、有創造力的高收入社會》報告中，將武漢與北京（IT 與軟件服務）、上海（金融與工程服務）、深圳（物流與商業服務）、成都（航空）一並列為「IE 在成為中國公認的知識與創新中心」城市。

根據國家規劃，「十二五」期間，新一代信息技術產業的銷售收入規模將增長三倍以上；到二〇二〇年，預計該產業的增加值將高達二點三四萬億元。為實現這一目標，國家提出了「寬帶中國」、「穆動互聯」等發展戰略，寬帶等基礎設施投資將實現爆炸式增長，這將極大地增加光纖及相關產品的市場需求，帶動「中國光谷」光通信等產業高速增長，為全球光通信、激光、光電子企業到武漢投資興業，拓展中國市場提供無限商機。

　　如今，借武漢建設「兩型」社會綜合配套改革試驗區和國家創新獲城市之東風，「中國光谷」在推動城市轉型發展、科技創新方面正發揮獨特作用，日漸成為武漢城市名片上「耀眼的明珠」。

　　光谷將重點發展光通信、激光、光電顯示、半導體照明、光伏太陽能、光電儀表、地球空間信息、物聯網、雲計算、移動互聯網、數字創意、消費電子等領域。到二〇一五年，東湖高新區光電子信息產業總收入預計將實現五千億元，年均增長速度超過 36%；工業生產總值實現三千五百億元，年均增長速度超過 30%。

　　在新一輪科技革命的衝擊下，在保持現有的科技發展的同時，武漢對於科技創新的發展也有了新的要求。武漢市委書記阮成發在《武漢——我心中的二〇四九》中給科技產業發展做出了超前規劃：一是以頁岩氣、生物質能源、智能電網等為代表的能源革命；二是以機器人、3D 打印、數字製造等

為代表的智能製造；三是新一代互聯網、電子商務、大數據、雲計算等信息技術；四是移動互聯、智慧交通、智慧醫療、智慧樓眷、數字家庭乃至智能城市等。

三、菁英彙集，打造「世界光谷」

科技人才是大光谷發展的有力支撐，在光谷這片五百平方公里的土地上活躍著各類層次、不同行業的科技人才，正在成為吸引世界科技創業者的磁極。據統計，從二〇〇九年以來，在光谷企業工作的博士達五千多人，四年增加量超過前二十年總和。在其境內密佈著十八所高等院校，二十五萬名在校大學生，五十六個國家級科研機構，多達五十二名兩院院士，是中國智力最密集的地區之一。

在現有的科技人才的基礎上，武漢不斷加快光谷「人才特區」建設。二〇一二年新引進高層次創新人才一百五十七名，積極打造「人才特區」試點，到二〇一三年年末，將在光電信息、生物、清潔技術、現代裝備製造、研發及信息服務五大產業引進和培養五十名左右掌握國際領先技術、引領產業發展的科技領軍人才。

二〇一三年八月，武漢市政府出台「青桐計畫」。武漢市政府除了成立一億元額度的創業天使基金，還將拿出二千萬大學生創業資助專項資金，

以鼓勵更多大學生自主創業。此外，政府還將支持有條件的孵化器建設大學生創業特區。

除此之外，武漢市政府鼓勵光谷的創業者，借鑑硅谷經驗，出台了鼓勵自主創新的「黃金十條」。「黃金十條」的出台有利於營造好的發展環境、培育和豐富有利於創新創業的光谷文化。

二十八歲的范犇是被「黃金十條」吸引來的重量級科技人才之一。這位中國最年輕的「國家千人計畫」特聘專家，在比較了京深等多地科技園後，驚訝地發現光谷的「黃金十條」政策力度甚至超過中關村。他和妻子果斷選擇在光谷進行創業，實現科技夢想。

為了有力地吸引科技人才，「光谷」可以寫「硅谷」形成無時差對接。武漢市長唐良智說：「武漢就是要營造一個好的創業環境，吸引更多優秀人才兼光谷創業，從營造創業氛圍上來講，就是要使武漢『光谷』與美國硅谷同步，實現無時差對接

未來的大光谷是高新科技的聚集地，未來的光谷是世界的大光谷。在未來的十年，光谷將肩負「中國創造」的國家戰略重任，真正成長為享譽全球的「世界光谷」，而「世界光谷」就是要成為「自主創新」的聚集區、示範區，成為新興產業的高端製造基地和輻射源。

第八章

大設計

勘察設計行業作為典型的高科技、低碳產業，具有高技術密集、高智力集成、高附加值、強產業帶動力、高社會貢獻度等特徵。如今，工程設計產業不但為武漢聚集了大量的國際、國內頂尖設計資源和人才，還將成為銜接建築、水利、機械等相關產業的有力紐帶。充分利用和發揮勘測設計行業優勢，逐步變過去在國內、國際工程承包中的勞務輸出為技術、設備、甚至整體解決方案的提供。以此來開拓國內國際市場，不僅有利於推動「設計走出去」，還有利於帶動武漢市的機械、電子、製造等相關產業的發展，凸顯武漢市「設計+製造」的集成優勢，並為城市、地區乃至國家的轉型發展提供一種新的戰略思路。

一、「武漢設計」作品享譽全球，沒有『武漢設計』做不了的

除了北京，武漢恐怕是新中國成立後毛澤東居住次數最多、時間最長的城市之一。在東湖梅嶺故居，他不僅提議了鄧小平第二次復出指揮炮擊金門和華沙談判等影響中國、影響世界的重大歷史決策，還構想了三峽大壩和南水北調的世界工程。

世界最大的水利樞紐工程——三峽水利樞紐、世界線路最長的調水工程——南水北調中線工程、世界一次性通車里程最長的高鐵——武廣高鐵、中國設計難度最大的高速鐵路——滬漢蓉高鐵、中國設計難度最大的山區

高速公路——滬蓉西高速公路、飛架南北的多座現代長江大橋和中國第一座跨海特大橋東海大

一九五三年二月，毛澤東同志在·長江，艦上聽取長江水利類員會主任林一山的匯報，提出興峽大阪的遠景設想

三峽大壩

橋…」。這些代表中國乃至世界頂尖設計水平的工程項目，都出自於雲集武漢的各勘測設計企業之手。

　　武漢「大設計」的自信緣何而來？這是基於武漢擁有橋樑、隧道、公路、鐵路、水利、電力、冶金、化土、煤炭、汽車等世界第一的工程設計品牌的底氣，是基於武漢擁有眾多的工程設計院士大師以及優秀工程設計企業的支撐，更是基於武漢擁有強大的：工程設計教育資源和產業資源的保障。

表2　武漢設計的『世界第一』

世界最大的水利水電工程	長江三峽水利樞紐
世界線路最長的調水工程	南水北調中線工程
長江第一壩	葛洲壩水利植紐
世界最高面板堆石壩	清江水希埡水電站
橫穿十四座極高山、十三道峽谷，世界最險峻的公路工程	川藏公路
中國最後一條通縣公路，橫穿喜馬拉雅山，挑戰世界工程建設技術極限的公路工程	墨脱公路
中國最複雜、最艱難、工程規模最大的山區高速公路	湖北滬蓉西高速公路
位於北京八達嶺腳下，中國第一座公路彎坡斜橋，與長城景觀協調	黃土嶺大橋
預應力混凝土斜拉橋跨徑位居亞洲第二、世界第三	湖北鄂黃長江公路大橋
國內平曲線最彎的高速公路箱梁橋，適應山區高速公路地形變化	福建貓坑溪大橋
龍蟒福生科技——眉山生物基地技改項目	世界第一個實現 S-謗抗素大規模工業化生產項目
世界上一次建成線路最長、標準最高的高速鐵路，是新中國成立以來一次投資規模最大的建設項目	京滬高速鐵路
我國鐵路建設史上難度最大、橋隧最多、歷時最長、造價最高，被稱為「建築在地下長江上的鐵路」	宜（昌）萬（州）鐵路
跨度 55+200+480+200+55m 的雙塔雙索面 PC 斜拉橋，在同類橋型聲位於世界第三、亞洲第二	鄂黃長江公路大橋

跨度900m的鋼桁架式單跨懸索橋,其規模在同類橋型位居世界第一	滬蓉國道主幹線四渡河大橋
跨度430m的上承式鋼管混凝土拱橋,在同類橋型中位居世界第一	支井河大橋
主跨200m的連續鋼構橋,主墩墩高178m,位居世界第一	龍潭河大橋
主跨400m的上承式鋼桁拱橋,其規模位居世界第三、國內第一	大寧河大橋

　　武漢的工程勘察設計行業發展較早,基礎比較扎實,特別是改革開放三十年來,通過加強管理、轉企改制、延伸設計服務,全面走向國內、國際市場,勘察設計行業更得到高速的發展。

　　「沒有武漢設計做不了的」。武漢設計之大,首先表現的就是覆蓋面全。據統計,武漢有多達二十一個行業的相應設計類型,門類齊全程度在全國少有,並且在冶金、鐵道、公路、水利、水運、橋樑、電力、煤炭、輕工、化工、醫藥等領域,形成了明顯的技術優勢和市場優勢。

　　今日中國,舉凡說大,莫不讓人聯想到大而不強。「大」儼然成為一個明褒暗貶之詞。然而,敢說武漢設計之大,卻是大而更強。「國內一流、世界領先」是武漢設計的金字招牌。

　　以大橋、高壩、高鐵、火車站房、隧道為主導的設計作品享譽全球;武漢的大壩、特高壓、高鐵等專業躋身國際頂尖之列;在橋梁、海底隧道、水

武漢長江大橋

利、鐵路領域居全國第一、世界一流；在冶金、化工、醫藥、電力、公路、水運領域屬國內一流。世界最大的水利樞紐工程、世界第一高速鐵路、世界胯度最大的公鐵兩用大橋、長江第一橋、長江第一隧、國內首座跨海大橋、世界第一特高壓輸電線網……均由武漢的工程設計企業設計。當武廣高鐵以三百九十四公里的時速跑出世界第一高速時，武漢「大投計」當之無愧。據統計，全國分之一的重點工程出自武漢設計。

表 3　武漢勘察設計在省外、國外著名工程

橋隧工程	珠港澳跨海大橋	鐵路工程	爆滬高鐵徐州到上海段
	杭州灣跨海大轎		廣深高鐵
	東海大橋		鄭西高鐵
	南京長江大橋		廣珠城際鐵路
	泰國八世皇橋		滬寧城際鐵路
	南京長江隧道		蘇州地鐵 1 號線
	大連灣海底隧道	能源發電	土耳其 BEKTRLI2X600MW ® 臨界燃煤電站工程
	澳門西灣大橋		巴基斯坦烏奇(UCH)聯合循環電廠
體育場館	幾內亞體國家育場		青海格爾木光伏電站
	哥斯達黎加體國家體育場	旅遊會展	海南千年塔
	喀麥隆體育館		廣東科學中心
	尼日利亞奧尼坎足球場	綜合辦公	多哥議會大廈

二、一流的設計企業和設計大師

在一個個「國內一流、世界領先」的設計背氣
是一家家享譽國內外、實力雄厚的工程勘察設計企
業。武漢工程勘察設計企業中已經獲得工程設計綜
合甲級資質的有六家程勘察綜合甲級資質的有十二
家，居全國第二；進入全國設計行業百強的企業常
年保持在六到十家。

表 4　武漢勘察設計領軍企業及優勢領域

勘察設計領軍企業	優勢及代表作品
中南建築世計院	六大綜合性建築設計院之一，在國內及世界十八個國家、地區完成了六千餘項工程設計，三百餘項工程獲國家、省部級優秀設計獎和科技進步獎。
中鐵第四勘察設計院集團	國家大型綜合性勘察設計單位，完成了五萬八千公里鐵路和二十多個大型鐵路樞紐的勘測設計，占新中國成立後全國鐵路建設任務的 30%。設計建成的高速鐵路通車里程占全國新建高鐵的 75%。
中交第二公路勘察設計研究院	公路勘察設計行業綜合實力最強的企業之一，完成了國內外數萬公里不同等級公路的勘察設計任務，重點項目有京珠、京津塘＞廣深揉、滬蓉西高速公路（中國設計施工難度最大的山區高速公路）。
中交第二航務工程勘察設計院	主持編制和參加編制了二十餘項行業技術標準規範。水運工程設計在長江及內河領域具有世界先進水平，取得了「內河直立式碼頭建設關鍵技術」等多項專有技術，在長江等內河水運工程設計領域占據了絕對優勢地位。
長江水利委員會長江勘測規劃設計研究院	水利方面的關鍵技術具世界領先地位。設計了世界上規模最大的水利水電工程——三峽工程，世界線路最長的調水工程——南水北調中線工程等特大型水利水電工程。
中國電力工程顧問集團中南電力設計院	中國勘察設計綜合實力百強，連續七年進入美國《工程新聞紀錄》設計企業排行榜。特高壓交直流輸變電及長距離跨海電纜聯網研究及設計技術領先國際領先水平；設計建成五百千伏以上輸電工程線路一萬七千公里，占全國總量的四分之一。
中冶南方工程技術有限公笥	從事鋼鐵、能源設計和工程總承包；硅鋼、機械、熱工產品制造；清潔能源、節能環保項目的投資、建設、運營等，擁有數百項專有技術、專利技術，在全國勘察設計企業綜合實力百強評選中位居前十名。
中鐵大橋勘測設計院	國內唯一一家以橋樑為主的專業勘測設計院，擁有工程院院士三名，工程設計大師四名，獲國家科技進步獎十七項。勘測設計了大型、特大型橋樑八百餘座，代表工程：武漢長江大橋、南京長江大橋。

齊全的設計門類，一流的設計水平，給武漢帶來的是全國領先的工程設計規模。二〇一二年，武漢工程設計產業營業收入七百二十三億元，市場占有率位居全國第三；二〇一三年，產值突破八百億元，在全國僅次於部委和科研院所雲集的北京。到二〇一五年，武漢市設計產業的總產值預計將達到一千億元，一個真正意義上的「中國工程設計之都」呼之欲出。

　　武漢工程設計產業服務市場遍及全國各地，並向國外市場延伸。據測算，武漢工程設計產業營業收入中約百分之七十來自國內其他城市和海外市場。包括世界跨度最大的三塔兩跨懸索橋──江蘇泰州長江大橋和南京緯三路八車道長江隧道、珠港澳大橋、西藏墨脫公路、哥斯達黎加體育場等一批重量級工程也都是武漢工程設計人設計的。

　　良好的配套環境，為武漢工程設計產業的發展提供了有力的支持。武漢擁有門類齊全的工業基礎，特別是鋼鐵、汽車、電子通信、電力與機車製造等裝備：工業方面在全國占有重要地位，武漢的建築業在國內外也具有很強的競爭力。

　　「所謂大學者，非謂有大樓之謂也，有大師之謂也」。武漢設計之大、之強，正是因為大師雲集，後備人才資源豐富。據統計，武漢共有勘探設計企業四百三十六家，從業人員超過六萬人，其中高級職稱人員一點零九萬人，工程院院士四名，工程勘察設計大師十九位。

武漢高校雲集，「21I 工程」的高校有七所，如武漢大學、華中科技大學等，並且與工程設計行業緊密相關的工科院校多、實力強。此外還擁有一批國家級的研究院、實驗室，能夠為產業的持續發展源源不斷輸送人才，為產業的技術進步提供支持。

表5　武漢設計大師『臉譜』

文伏波	中國工程院院士，長江委科學技術委員會顧問，曾獲國家科技進步特等獎
方秦漢	中國工程院院士，中鐵大橋設計院技術顧問，曾獲國家科學技術進步一等獎、特等獎
鄭守仁	中國工程院院 長江委總工、科學技末委員會主任，曾獲國家科技進步特等獎
秦順全	中國工程院院士，中鐵大橋局總工程師
謝國恩	會國勘察設計大師，中南電力設計院專家委員會副主任，兩次獲國家優秀設計金獎
謝秋野	全國勘察設計大師，中南電力設計院院長，曾獲全國優秀設計金獎、全國優秀工程諮詢成果一等獎，編寫多項國家級規程規範
陳應先	全國勘察設計大師，鐵四院技術顧問，是我國高鐵設計的最早一批探索者之一
吳禮運	全國勘察設計大師，先後參與大冶鋼廠、武鋼、馬鋼、北滿特鋼等項目設計，多次獲國家優質設計銀獎等
高宗余	全國工程設計大師，中鐵大橋院總工程師。榮獲國家優秀工程設計金獎一項、國家科技進步獎三項等獎
楊進	全國工程設計大師，中鐵大橋院副總工程師，獲茅以升橋樑大獎、詹天祐成就獎

楊啟貴	全國工程設計大師，長江委設計院總工程師，主持完成的世界最高面板堆石壩水布埡水電站設計，被譽為「面板堆石壩里程碑工程」
陳德基	全國工程勘察大師，曾任長江委綜合勘測局局長，為三峽工程地質總負責人，獲國家科技進步一等獎、特等獎
徐麟祥	全國工程投計大師，曾任長江委設計院總工，主持隔河岩新型重力拱壩設計填補了我國壩工設計空白，多次獲全國優秀工程設計金獎
王玉澤	全國勘察設計大師，鐵四院總工程師，京滬高鐵總體設計負責人，填補我國高鐵技術領域多項空白，多次獲國家優秀設計金獎，是我國高鐵技術開拓者
潘國友	全國工程勘察設計大師，中冶南方公司副總經理兼總工程師，獲全國優秀工程勘察設計銀獎等
袁培煌	全國工程設計大師，中南建築設計院顧問總建築師，三十餘項設計作品獲省部級優秀設計一、二等獎及國家金、銀獎
徐恭義	全國工程設計大師，中鐵大橋院副總工程師，獲國家科技進步獎二項，是現代懸索橋技術專家
鈕新強	全國工程設計大師，長江委設計院院長峽南水北調中線工程主要技術負責人，獲得四項國家科技進步二等獎
廖朝華	全國工程設計大師，中交二公路院總工程師。主持和參與編寫、審查了多部行業標準、規範，先後多次獲得了國家科技進步二等獎、設計特獎、銀獎等
范士凱	全國工程勘察大師，中煤科工集團武漢設計院技術顧問。獲省部級科技進步獎二項，多次獲國家、省市優秀勘察獎
莊明駿	全國工程勘察大師，曾任中冶武漢勘察研究院有限公司副總工程師，曾獲全國優秀勘察金質獎
蔣榮生	全國工程勘察大師，曾任中冶武漢勘察研究院有限公司院長兼總工程師，兩次獲得國家優秀工程勘察金質獎
陸學智	全國工程勘察大師，曾任中南勘察設計院副總工程師。多次主持或承擔重大工程和科研項目

三、「武漢設計」聯合艦隊起航，打造「設計人才聚集的高地」

二〇一一年一月二十三日，是武漢工程設計史上值得大書特書的一天。在這一天，中國武漢工程設計產業聯盟正式成立，標誌著『武漢設計』聯合艦隊正式起航，武漢「工程設計之都」的藍圖上，畫出了穩健的一筆，「大設計」必將愈大愈強。

聯盟由武漢地區的建築、市政、鐵路、公路、水利、電力、冶金、機械等勘察設計行業龍頭企業，以及國內著名的勘察設計科研院所、高等院校、諮詢機構、建築業製造業企業、投資公司等三十二家單位組成；彙集了工程院院士和勘察設計大師三十多名，高級技術人才近萬名，注冊工程師五千名，形成了「設計人才聚集的高地」該聯盟旨在通過工程設計，引導相關產業調整結構、轉變增長方式，推動產業的可持續發展。

二〇一二年四月，武漢工程設計產業聯盟成立由在漢水利、公路、鐵路、電力、市政、勘察、建築等十一家大中型甲級勘測設計院組成的項自綜合設計組，對該園區十四點三平方公里的區域全面展開綜合設計，把「獨唱」變為「大合唱」，幫武漢通用汽車產業園節省投資十億元，縮短建投週期近一年。

近年來，武漢將致力於打造工程設計之都，實現工程設計和建築品質大提升。據統計，目前武漢

建築業從業人員已經超過八十三萬人，在建工程達到八千二百一十四項。預計到二〇一六年，武漢設計將成為城市文化新品牌，工程設計行業產值將突破千億，成為全市現代服務業的支柱產業。

其中令人矚目的是，在武漢推進硅谷與光谷「雙谷」和武漢與芝加哥「雙城」戰略的背景下，二〇一三年武漢與美國在規劃設計領域的交流合作日趨頻繁。如世界頂級設計事務所之一的美國SOM公司編制了《中國光谷中心區總體城市設計》、《二七片城市設計》、《漢正街文化旅遊商務區》等重大規劃項目，還在武漢成立了「SOM聯合設計中心」。

此外，武漢還加強了與美國在地下空間開發、立體交通系統、低碳城市、標志性建築設計等領域的合作，提並了武漢在一些關鍵技術與前沿理論方面的綜合實力與水平。

第九章

大汽車

汽車是改變世界的機器。二十世紀二〇年代美國經濟的興起，二十世紀五〇年代聯邦德國、意大利、法國經濟的起飛，二十世紀六〇年代日本經濟的發展，無不以汽車工業的高速增長為先導。汽車產作為資本密集型、技術密集型產業，前後向產業關聯度高，是工業發展的龍頭產業之一，對國民經濟的發展具有重要拉動作用。

　　世界汽車產業發展的未來在中國，中國汽車產業今後十年的重點主要看中西部，當前中國中西部地區正在加速推進工業化和城市化，已經成為全球最具增長潛力的汽車消費市場，汽車製造商加快向中西部聚集。在這一趨勢中，武漢正處於國家長江經濟帶和京廣線兩大主軸戰略的交會點，是全球資本進入中國中西部地區的支點，日益成為全球汽車產業新的聚集氣

一、參與和見證著中國汽車產業的成長、創新和變革

武漢是一個擁有偉大汽車產業夢想的城市,從一九五二年的第一輛漢產吉普車,到二十世紀六〇年代武漢中南汽車製造廠成立,至今已經經歷了半個多世紀,武漢參與和見證了中國汽車產業成長、創新和變革的歷史進程。

武漢的汽車業起步於新中菌戚立前留下來的若干私營修理廠。據《武漢方志》,一九五二年,江零五一工廠試製出 M-20 引擎,組裝了三輛美式吉普車,成為武漢市最早生產的整車。

一位名叫曹伯蘭的老人曾在《廣州日報》上發表文章詳述了當時的情景,他這樣寫道:一九五二年,中國人民解故軍第四汽車制配廠成功試製出第一輛漢產甫普車,在參加第三屆國慶遊行前夕,李先念前來剪綵。中南軍區後勤部政委及湖北省工會主席都參加了這次儀式。作為汽車廠宣傳幹事的我,有幸手握彩帶見證了選個激動人心的歷史時刻。

一九五八年,為大辦汽車工業,武漢市在小汽車修配廠和小五金廠的基礎上,改造和發展了四十四個汽車修配廠。其中,長虹汽車修配廠就是當時由武漢市十六個手工業生產合作社先後合併組成的。

一九六五年五月,中共中央中南局根據工農業

生產發展的需要，決定在武漢市定點生產 130 型
2.5 噸載貨汽車。武漢市委、市政府便確定了以長
虹汽車修配廠為基礎，從事汽車製造。武漢市機電
局圍繞組織汽車生產，本地區汽車工業生產結構
進行了調整，將武漢市長虹汽車修配廠進行了充實
和加強，更名為武漢汽車修造總廠，在該廠建立總
裝車間和底盤車間。將六個主要零部件生產廠改組
為總廠的六個分廠，利用申共中央中南局建議批准
的二百四十萬元投資，連地方財政撥款共計八百萬
元，對工廠進行了技術改造。其中直接撥給總廠三
百零四點八萬元，新建底盤（沖壓）車間、總裝車
間、短工車間、配電室、材料庫及其他生產、生活
設施。共購置各類設備一百二十四台在這一過程
中，該廠還本著自力更生、少花錢、多辦事的精
神，土法上馬，自製沒備七百八十台，試製成功了
長梁簡易滾壓機。

在各方面的大力支持和全廠職工的共同努力
下，一九六五年年底，工廠試製出樣車十一輛，其
中二點五噸 WH-130 型貨汽車十輛，供選型用的一
點五噸載貨汽車一輛，定名中南牌（後改方武漢
牌）。隨著樣車的試製成功，為加強汽車 CC 業的
辦理和協調工作，一九六六年年初成立了武漢市汽
車工業公司，取消了武漢汽車修造總廠，武漢審長
虹汽車修配廠更名為中南汽車製造廠（後又更名龍
武漢汽車製造廠）。

一九六六年「文化大革命」以後，在社會激烈

動盪的影響下，剛剛建立起來的中南汽車製造廠生產處於停滯狀態。一九六七年生產 WH-130 型汽車三百輛，一九六八年降至一百五十八輛。

一九七〇年，在工業生產逐步得到恢復之後，在「抓革命，促生產」口號的激勵下，武漢市又一次組織了汽車、拖拉機「大會戰」。中南汽車製造廠先後製成五百噸、八百噸油壓機和一千噸、一千六百噸摩擦壓力機等大型設備，並自製其他專機設備三十九台。隨後，又完成縱梁成型、汽車總裝、駕駛室銲接等五條生產線，還根據生產需要對一些關鍵設備進行了改造，擴建了車間、倉庫、停車場等生產及輔助設施，結束了總裝不離開鐵板、銲接甩不掉鉚頭的手工生產方式，實現了批量生產。一九七〇年生產汽車 1505 輛。一九七一年生產汽車 2017 輛、達到設計生產能力。一九七二年七月至一九七三年十二月，WH-130 型汽車參加了一機部組織的第一次國產汽車質量集中檢查、試驗，其性能基本達到國家要求。

經過多年發展，改革開放前後，武漢汽車工業已經頗具基礎，綜合實力一度位居全國第七，生產過吉普車、卡車、客車、特種車等多種車型：緩解了武漢及周邊地區客貨運難題。

二十世紀八〇年代以後，武漢輕型汽車工業為適應發展的需要，開始了較大規模的整頓調整。一九八二年，以武漢汽車製造廠、武漢長江汽車製造廠、武漢車身附件廠以及汽車研究所、車身附件

研究所兩所為基礎，組建了實體性的武漢汽車工業公司，並將武漢汽車製造廠、武漢長江汽車製造廠按專業化協作的原則，合併調整為總裝、車身、裝配、發動機四個分廠。

武漢輕型汽車銷售在八〇年代最耀眼。當時的武漢輕型汽車製造總廠已是國家重點企業之一，一九七五年生產 211 型會普車 1765 輛。一九八三至一九八五年其主打產品 WH-213 輕型汽車，分別達到 4607 輛、6028 輛和 5334 輛。

載重汽車方面，武漢汽車業走過一條由盛而衰的路程。一九六五年，中共中央中南局確定武漢市汽車修造總廠（原長虹汽車修配廠）仿製南京躍進牌 2.5 噸載貨汽車。其中一九八〇年生產了 4408 輛，創歷史最好水平，一九八二年受競爭影響而轉產。

作為公共交通的主要工具，客車在武漢汽車業發展中扮演了重要角色。武漢客車改裝製造於六〇年代開始起步。一九六四年，「揚子江」牌 640 型客車誕生。以武漢客車制配廠、湖北客車廠為代表的客車生產企業，一九八五年生產能力均超過 1000 輛。

二十世紀六〇年代後期，隨著武漢汽車工業的發展，專用改裝汽車已成為武漢汽車工業的重要組成部分。七〇年代以後，每年均有三到五個新開發的專用改裝汽車問世。一九八一年起「六五」計畫期間，武漢專用改裝汽車的年產量占全國三分之一

以上，產量居全國首位，並已自成體系。一九八五年，武漢有汽車改裝企業十九家，年生產能力一萬輛。

武漢輕型汽車製造總廠二十世紀八〇年代末開發生產的武漢牌 WHQ1020S 型雙排座載貨汽車

武漢輕型汽車製造總廠二十世紀八〇年代末開發生產的武漢牌 WHQ1030S 型雙排座載貨汽車

武漢輕型汽車製造總廠二十世紀八〇年代末開發的武漢牌 WHQ6450 型越野客車

特種車方面，二十世紀八〇年代初，漢陽汽車制配廠開始研製重型特種汽車，並改名為漢陽特種汽車廠。一九八五年年末，成為年產三千輛汽車的大型工廠，產品遍銷全國並遠銷國外，武漢成為我國特種汽車生產基地。

二、「中國車都」夢想漸行漸近

一九八七年，國家正式把汽車工業列為支柱產業，決定由二汽首先建成一個年產三十萬輛普及型轎車廠。一九九二年五月十八日，武漢在二汽三十萬輛汽車項目全國招標中一舉勝出，東風（原二汽）與雪鐵覺合資組建神龍汽車公司，落戶武漢，決定以「一期規劃、兩期建世」的方針建設普及型轎車項目，同步織進當時雪鐵龍最新款的 ZX 型家用轎車。這是中國汽車工業史技術起點最高、引進產品最新、投資強度最大的合資企業。

由於家用車的定位和兩廂車的佈局過於超前，雖然沒有取得良好的市場反響，然而卻為推動中國家轎市場的發展及推廣兩廂車的概念作出了不可磨滅的貢獻。

二十年前，當神龍富康還未正式進入中國轎車市場時，大街上放眼望去只是單調的三廂轎車，偶爾出現的兩廂車往往被人們以一種新奇的眼光來看待，人們甚至不把它劃為轎車的範疇。今天，隨著

中國經濟的發展，國人的錢包鼓了，人們的審美觀念也變了，轎車的概念也在人們感性的思維中不斷改變。它不僅僅是人們用來炫耀自己身分的奢侈品，而逐漸成為很多家庭的必需品，人們以往的「轎車就是三廂車」觀念被徹底打破，兩廂車開始大行其道。這種觀念的轉變並不是一朝一夕發生的，是與神龍公司長期以來的不懈努力分不開的。其生產的富康轎車是中國兩廂車的「引路人」已成為不爭的事實。

一九九五年，神龍武漢工廠總裝車間第一輛調試車下線。十八年後，武漢汽車產業早已突破千億元大關。武漢汽車製造業是以加速度在前進著。隨著東風本田、東風乘用車陸續落戶武漢經濟開發區，該區成為全國最大造車單一開發區。

二〇〇三年，前身是中國第二汽車製造廠的東風汽車公司總部「遷都」武漢，東風汽車公司與日產公司攜手組建的東風汽車有限公司二〇〇六年也從十堰搬到沌口的武漢經濟開發區。至此，東風集團總部及下屬的東風本田、神龍和東風日產已全部落戶武漢。三大整車廠在武漢「跑馬圈地」，東風本田完成兩個工廠，年總產能達四十八萬輛，東本依靠 CRV、思域、傑德等也是一舉成名，成就中國第一 SUV，二〇一三年總銷售量突破三十萬輛。

神龍汽車公司完成三個工廠，年總產能達七十五萬輛，神龍汽車二〇一三年銷量突破五十五萬輛，同比均增長百分之二十五，創造了漢產汽車單

神龍汽車生產車間

個率企的銷量新高。自一九九五年九月神龍公司第一輛汽車下線，到二〇〇七年十月實現第一個一百萬輛，用了十二年的時間；到二〇一一年五月，實現第二個一百萬輛，只用了近四年時間；而實現第三個一百萬輛，僅用兩年多的時間。至此，神龍汽車躋身中國汽車」三百萬輛俱樂部」陣容，武漢成為繼上海之後，第二個擁有兩家總產量超過三百萬輛汽車企業的城市，「中鎮車都」的目標漸行漸近。

近年來，武漢汽車整車生產能力不斷增強，汽車產業產量和產值節節攀升，已成為武漢的第一大支柱產業。目前，武漢已經匯聚了東風雪錢龍、標緻、通用、雷諾以及東風公司、上汽公司等屬內外

著名汽車廠商，擁有或在建神龍、東風本田、上海通用武漢公司、東風雷諾、東風乘用車等一批整車廠，以及四百多家汽車零部件企業，未來還將致力於彙集更多的先進汽車廠商、技術和服務，著力打造世界級的汽車產業集群，

二〇一〇年，武漢汽車及零部件行業實現工業產值 1212.28 億元，同比增幅 43.7%。擁有東風汽車公司、神龍汽車公司、東風本田公司等八家汽車整車生產廠，成為武漢首個夾破千億元的板塊，武漢也成為中國三大汽車生產基地之一。

二〇一二年，武漢汽車及零部件行業工業產值 1669.76 億元，增長 24.6%。目前，武漢已擁有神龍汽車、東風本田、東風乘用車等七家合資和自主汽車生產企業。二〇一二年，武漢汽車產量 79.52

表6　2012 年全國汽車生產主要城市產量（單位：萬輛）

排名	地區	汽車產量	主要生產城市	汽車產量
1	上海	202.43	—	—
2	吉林	197.56	長春	186.9
3	重慶	196.33	—	—
4	廣西	167.33	柳州	166.93
5	北京	167.03	—	—
6	廣東	159.66	廣州	138.5
7	湖北	154.81	武漢	79.52
8	安徽	108.52	羌湖	56.4

萬輛，占全國總產量的 4.1%，汽車及汽車零部件行業實現工業總產值 1669.76 億元，同比增長42.36%，在全國汽車生產主要城市中，汽車產量排名第 7（見表 6）。在剛剛過去的二〇一三年，武漢市汽車產量首次突破百萬輛，產值突破 2000 億元。

　　武漢正在努力用到五年的時間形成年產三百萬輛整車的產能，進入中國汽車產業第一方陣；再用十年左右的時間努力構建具有世界先進水平的汽車之都，搶占全球汽車產業的制高點，實現汽車夢，武漢有著堅實的基礎和獨特的優勢。預計至二〇一六年，武漢汽車年產量將達五百萬輛，產業產值將達到四千億元。按倍增計劃」實施要求，到二〇一九年，武漢汽車產業產值將突破一萬億元。

三、汽車，改變著城市的生產、生活

　　以整車生產為基礎，武漢市逐步形成了一條龐大的從零部件到整車生產、從研發到銷售的汽車產業鏈，不僅創造了高額的產值，還對汽車零部件、汽車會展、鋼鐵、裝備製造、電子信息、貿易、金融服務、維修等上下游產業產生了巨大的拉動作用。目前，包括美國康明斯、加拿大威斯卡特、法國法雷奧等國際汽車零部件巨頭在內的近二百家汽車零部件企業已在漢投資設廠；東風汽車研發中

心、康明斯發動機研發中心、法雷奧車燈研發中心等多家汽車研發中心入駐武漢；一批金融機構也大力在漢發展汽車供應鏈金融業務，如華夏銀行武漢分行二〇一一年票計為三百多家汽車經銷商和部件供應商提供近六十億元投信支援。累計結算量超過四百億元有力支持了武漢汽車產業的發展。

華夏銀行武漢分行二〇一三年開通「全球通」汽車金融業務支持湖北汽車產業鏈流暢運轉，以汽車產業鏈上各類客戶的需求為導向，助力湖北汽車產：發展壯大。截至二〇一三年九月末累計發生汽車產業投信業務量七十九點六三億元。受益的汽車產業上下游企業達到三百零一家，有力地支援了湖北省汽車產業鏈流暢運轉。

上海通用汽車武漢生產基地奠基。此前三個生產基地分別設在上海、新台和瀋陽

正是看中了武漢完帶的汽車產業鏈、強大的整車及零部件生產能力，以及對內陸市場的輔射帶動能力，上海通用汽車第四個生產基地、也是中西部的第一個生產基地於二〇一二年三月正式落戶武漢。一期總投資近一百四十億元，其中整車的直接投資載將超過七十億元。二〇一四年六月，上海通用武漢工廠的第一輛整車順利下線，當年年底實現一期三十萬輛整車產能，二〇一五年全面達產，建成後整車及零部件年產值超過二千億元。此外，一期還將同步建設上海通用及上汽集團整車及零部件物流中心。目前，已經跟進的二十四家配套零部件企業總投資將超過六十億元，大物流項目一期投資八億元。

　　二〇一三年十二月，等待十年的東風雷諾合資公司終於正式成立，東風汽車集團和法國雷諾共同投資七十七點六億元組建新的合資公司——東風雷諾，將成為又一個年產三十萬台整車的大項目。

　　東風和雷諾的合資，雖然表面上看是一個簡單的中法合作項目，但東風汽車集團負責人認為，其意義不僅在此，因為一個更強大的合作體制將在東風一雷諾一日產這個「金三角」中誕生，對全球汽車產業戰略格局將產生重大影響。

　　隨著標緻、雪鐵龍、日產、本田、通用等排名世界前十位的大型汽車集團紛紛在漢投資設廠，武漢成功聚集了美、日、法和中國自生品牌四大系列，成為全國汽車系列之最。二〇一六年，武漢預

計年產車量三百萬輛,進入中國汽車產業第一方陣,未來十年左右,將構建具有世界先進水平的汽車之都,搶占全球汽車產業的制高點。

同時,在引領汽車產業未來發展趨勢的新能源汽車方面,武漢也展開了積極探索。二〇〇九年六月,首個國家級電動汽車專利產業化試點基地──東風電動汽車產業園試點基地在武漢揭牌,其研發:的混合動力電動城市客車項目形成了近五十項專利、計算機軟件著作權和國家標準,被授予國家科技進步獎二等獎。武漢市正在加快建設發展武漢新能源汽車工業院,東風電動汽車工程研究中心等一批研發平臺,營力在能源汽車、智慧汽車、節能

風電動汽車業網

汽車汽車電子汽車再製造等新興創城實現突破，積極探索新能源汽車、車聯網的商業模式創新。

　　對武漢而育汽車產業既促進了生產，也改變著生活。方面，汽車工業對擴大就業、社會穩定起到了突出的作用近年來，僅東風汽車公司就易計吸納就業逾十六萬人次；另一方面，汽車極大地方便半了人類的生產生活方式，推動了經濟杜會的發展，截至二〇一三年年底，武漢市機動車保有量突破一百六十萬輛，正不斷推進著武漢社會的進步。

第十章

大鋼鐵

鋼鐵是重要的工業原材料，鋼鐵工業是國民經濟的重要基礎產業，涉及面廣、產業關聯度高。從一百多年前的「漢陽造」到如今的「武鋼」，武漢作為傳統的鋼鐵製造業基地，目前又著力打造中部現代製造業中心，對鋼鐵及其製品的需求不斷增大，上下游產業鏈的延伸空間更加廣闊。鋼鐵及上下游產業，對於武漢的產業發展、城市發展，發揮著不可磨滅的作用。

一、「漢陽造」──中國近代鋼鐵業的代表

作為我國近代工業的發源地，早在「洋務運動」時期，武漢就創造了聞名全國的「漢陽造」，一八九四年成立的漢陽鐵廠以鍊鐵廠為中心，兼采鐵和採煤和煉鋼為一體，創建了我國近代第一個、也是遠東第一個鋼鐵聯合企業。它的建成，標誌著中國近代鋼鐵工業的興起，為我國重工業開了先河。

除此之外，張之洞還創建了我國首家系統完備的軍工廠──漢陽兵工廠，「漢陽造」從此聞名天下（漢陽步槍為抗日戰爭的勝利作出了巨大貢獻），在中國近代軍事建設以及國防中起到重要作用。以漢陽鐵廠及漢陽兵工廠為代表的「漢陽造」品牌成為了中國近代軍工的代表，是「湖北造」，「中國造」的代名詞。

一九三四年武船、一九五三年武重、一九五四年武鍋和一九五五年武鋼，代表著武漢工業文明的歷史變遷。到改革開放初期，武漢工業淨產值一直位居全國第四位。武漢歷史上的輝煌，正是得力於鋼鐵工業的輝煌。

二十世紀五〇年代初期，為了改變我國北重南輕的鋼鐵工業佈局，黨中央提出「鋼鐵要過江，鋼鐵要過關」的思路。決定在湖北興建新中國第一個鋼鐵基地，新鋼廠被列為蘇聯援建項目之一。一九

五四年春，中蘇專家沿著長江反復勘測選址，最終選中武漢東郊的一片開闊地，即後來的青山區。新廠正式命名為「武漢鋼鐵公司」。

一九五八年九月，毛主席得知武鋼可在國慶節前出鐵，他高興地說：「到出鐵的那一天，我一定要去看看。」出鐵當夫，毛主席從武漢況陽門上船，親看武鋼出鐵。船到江心，他說：「我要游到武鋼去。」說完便下了水，游了二十多公里他才上船。隨後登上一號高爐爐台觀看一號高爐煉出的第一爐鐵水。

五十多年來，武鋼歷經了三次創業。一九五五年十月武鋼青山廠區正式破土動工，武鋼人開始了第一次創業，迎來了新中國興建的第一個鋼都的誕生。一九七四年，武鋼從原聯邦德國、日本引進一米七軋機系統，開創了我國系統引進國外鋼鐵技術的先河，武鋼人開始了第二次創業，走出了一條「質量效益型」發展道路。

一九五八年毛澤東同志視察武鋼

一九八〇年鄧小平同志視察武鋼

二〇〇五年八月胡錦濤同志視察武鋼

　　鄧小平於一九七三年二月從江西回到北京，其
外出考察的第一個鋼鐵企業便是武鋼。鄧小平雖已

年近古稀，但步履輕快地登上媒鋼廠的爐台。一九八○年七月，鄧小平在湖北停留了十二天，再次來到武鋼，特地視察了一米七軋鋼廠。

二○○五年以來，武鋼努力推進第三次創業，生產經營和改革發展取得了突出成就：中西南戰略扎實推進，本部產能成倍增長，三大品種基地基本形成，自主創新能力大幅提升，「走出去」戰略取得突破。

二、武鋼 ── 新時期武漢鋼鐵行業發展的支柱

在世界現代鋼鐵企業中，人均鋼產量是衡量其生產力水平的一個標賽性指標。一九九三年，我國最先進的寶鋼是人均 200 噸，國際水平是人均 600 噸，日本新日鐵人均年產鋼 800 噸，而當時有 12 萬職工的武鋼年產 400 多萬噸鋼，人均年產量不足 50 噸！如此低的勞動生產率，無法應對日趨激烈的國際鋼鐵市場競爭。因此，自一九九三年以來，武鋼成功地進行了七次大規模的剝離輔助、下崗分流，剝離 76139 人，減員 46565 人。鋼鐵從業人員由 11.2 萬人減至 14850 人，鋼產量由 475 萬噸增至 708 萬噸，人均產鋼由 42 噸增加到 470 噸，9 年上繳利稅 182.45 億元，資產保值增值率達 261%，職工工資增長 284%。

作為新中國成立後第一個特大型鋼鐵聯合企業的武鋼，進入二十一世紀以來，通過聯合重組鄂鋼、柳鋼、昆鋼，生產規模近 4000 萬噸，穩居世界鋼鐵行業第四位，已連續五年入圍世界企業五百強，二○一三年營業收入超過二千億元，位居財富世界五百強，排名第三百一十位。如今，大到鳥巢、三峽工程、西氣東輸、多座長江大橋、京滬高鐵、青藏鐵路，小到轎車、彩電、微波爐，越來越多的「武鋼造」走向全國，走進了人們的生活。

近幾年來，武鋼研製開發了新產品八十五個系列、三百多個品種，高技術含量、高附加值產品比例由二○○四年的 54% 提高到 82% 以上，形成了以「轎、管、箱、容、軍、電、車、錢」等為重點

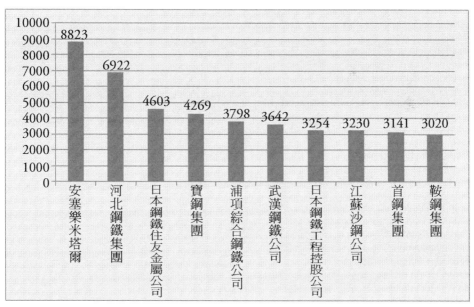

二○一二年全球鋼領業業期機產業以及排名（單位：萬噸）

的一批精品名牌和新拳頭產品：冷軋硅鋼產品品種、技術與規模繼續保持國內領先，已基本建成全球最大、最具競爭力的硅鋼研發和生產基地，擁有世界頂尖專利的漢產硅鋼，成功打入了日本松下、日立等電器「巨頭」；第五代橋架鋼，推廣應用到蕪湖長江大橋、京滬高現南京大勝關鐵路橋等六十餘座大型橋樑，是我國橋樑鋼研發與生產的引領者；武鋼管鋼連續四年在工程供貨中位居全屬第一在西氣東輸中武鋼獨占鰲頭；具有自主智慧財產權的系列高性能建築用鋼，在國家大劇院國家體育館中央電視臺拉薩火車站、天津串增等地標性建築中得到應用；武制高速重軌於二〇〇八年通過時速三百五十公里客運專線鋼軌上線認證工作，創國內同類企業通過認證與達產最快紀錄，填補了我國高迪用執資源在中南地區的空白，成為繼矽鋼產品之後式鋼新的效益增長點。比外，武鋼船用鋼、市線鋼等產品均保持國內領先地位。

　　武漢既是全國要的優質鋼鐵基地也是傳統的裝備製造業基地。鋼鐵產業的發展，為裝備創造業等相關產業提供了優質、充足的原材料；而這些相關產業的發展和正在實施的「工業倍增「計劃又將進一步拉動鋼鐵消費。由此形成各大產業相互扭動、相互促進的良性循環，形成鋼鐵產業及其相關產業「多贏」的良好局面。

　　隨著武鋼的做大做強，寶鋼、鞍鋼等鋼鐵巨頭也更加看重武漢。從二〇〇五年開始，寶鋼集團投

資二億元在漢啟動板材剪切中心和鋼材物流中心項目；二〇一二年三月，鞍鋼集團斥資三點六五億元打造「鋼材剪切激光拼焊」項目，建設三條年產二十萬噸的激光拼焊生產線；二〇一一年十一月，新日鐵與武鋼集團聯合出資十八點五億元，在漢建設鍍錫板鋼鐵項目……隨著寶鋼、鞍鋼、武鋼、新日鐵等國內外鋼鐵巨頭「會師」武漢，武漢鋼鐵產業集群效應不斷增強。

而這種集群效應，不僅表現在鋼鐵產業內部，也突出地表現為對上下游產業及寶業的吸納與聚集。二〇〇六年，年鋼材需求量數百万噸的鐵路機車製造企業——南車集團，在漢投資建設了亞洲最大的鐵路貨車研發製造基地；二〇一一年，北車集團也斥資三十二億元，在武漢建設軌道交通裝備產業基地和研發中心，填補了江城鐵路客車製造空白。中國鐵路機車製造兩大巨頭均在漢「落戶」，武漢一舉躋身中國鐵路機車製造「第一方陣」。

二〇一一年八月，武鋼與武船強強聯合，雙方投資二十五億元延伸產業鏈，成立武漢雙柳武船重工有限責任公司，在雙柳建造特種船基地。二〇〇九年，武鋼與東風公司成功對接後，全面進軍汽車板市場，目前武鋼的高強度鍍鋅汽車板在東風自基品牌乘用車的份額已達百分之九十以上，東風商用車的熱軋材全部使用武鋼產品，東風股份二〇一四年首次進入武鋼銷售網絡，用鋼量八成以上採購自武鋼。

為進一步增強武鋼的國際競爭力，更好地利用兩種資源、兩個市場，充分吸收境外資金、技術管理經驗和資源，武鋼積極實施「走出去」戰略。並取得重大突破。武鋼開展合資合作海外專案多達三十一個，其中有十五個鐵礦專案，十二個海外貿易項目，二個煤礦項目和二個鋼鐵生產項目。近年來，武漢敏銳地抓住金融危機給世界經濟帶來重大調整的時機，以較低的成本投資開發加拿大、巴西、澳大利亞、賴比瑞亞、馬達加斯加等國的六個鐵礦石資源項目。通過參股、控股、專案合作等方

鋼鐵生產車間

式，到目前為止已經鎖定了海外鐵礦石資源量六十億噸，每年可以獲得優質鐵礦石六千萬噸，極大地增強了武鋼的資源保障能力。

二○○八年金融危機時，武鋼抓住契機尋找製鐵產業鏈上游。全球找礦──為佈局沿海防城港的大型鋼廠找「糧食」。三年間，武鋼海外項目多達三十一個，並在加拿大、巴西、澳大利亞等國擁有九個鐵礦石項目，用較低成本鎖定權益鐵礦石三十多億噸，足夠武鋼「吃」上近百年。這家全球產能第四、卻長期受鐵礦石「扼頸」的鋼廠，如今躍成為全球鋼企的「老大」。相關產業不僅為武鋼得到「巨額外快」，更為集團發展贏得戰略主新權。

三、鋼鐵行業多元化發展，煥發新活力

鋼鐵業曾經是武漢絕對的第一產業，自武鋼建立後，鋼鐵業即牢牢把握武漢的經濟冠軍地位。但是，二○一三年武漢鋼鐵業已經從曾經的第一名，退出了第一方陣的爭奪，五個過千億元產值的板塊中，沒有鋼鐵業。二○○五年，武漢的產業結構中，鋼鐵這是「一柱擎天」，以 468.22 億元的年產值遙遙領先。二○○六年起，格局悄然改變，不再「一鋼獨大」。二○○六年，汽車產業產值達到五百四十億元，超過鋼鐵業，成為武漢第一產業。

二〇一二年，能源環保、食品菸草等產業跟進，成為武漢千億元產業的「新軍」，算上原有的汽車、裝備製造、電子信息，武漢千億元產業達五個，成為武漢經濟「第一集團軍」的全新陣容，而鋼鐵產業下滑，未達到千億元門檻，從曾經的第一產業名單中退出。

一個城市要保持長久的繁榮，也必須要有多元的產業結構。世界上沒有一個中心城市是只有新興產業，沒有傳統產業的。比如，上海有造船、石化、鋼鐵、汽車等，北京有汽車、石化、虹等，天津有石化、飛機、冶金、棉紡等。瑞士、意大利等國至今還有很受消費者歡迎的傳統手工業，成為奢侈品。因此，在武漢未來發展中，既寒法重發展先進製造業，又要促進傳統製造業的調整振興；既要注重發展服務業，又要抓住製造業這一安身立命的基礎。

因此，為適應形勢愛展，應對當前行業「寒冬」期，武鋼積極採取多元化發展戰略，大力發展非鋼產業，如工程設備建設、機械制造、交通運輸、物流倉儲、投資融資、高新技術、鋼材深加工、礦產資源開發、資源綜合利用、後勤服務、國際貿易等，大幅提高非鋼產業比例。專家認為，發展非鋼產業是先進鋼鐵企業的普遍做法，日本新日鐵有 35% 的非鋼產業，印度塔塔的非鋼產業也達 40%。

武鋼二〇一二年三月在市場上宣佈養豬計畫，

擬投入三百九十億元用於養豬養雞等非鋼產業，建萬頭養豬場。「武鋼養豬」的新聞引發各界廣泛關注和輿論爭議，甚至被當作笑話，繼而引發了人們對於鋼鐵行業的反思和發展非鋼產業的理解。

發展非鋼產業，是武鋼不得不做的事情。目前，鋼鐵行業正處於低谷，多家鋼鐵生產企業面臨著虧損，武鋼的利潤也大幅度下降。國內 A 股市場二十家上市鋼企公佈的二〇一三年度報告，其中四家虧損，十六家盈利。二〇一三年鋼鐵行業業績增長的主要原因在二〇一二年度業績基數較低，部分鋼企所獲高額政府財政補貼以及非鋼產業盈利所致。

按照武鋼的「十二五」規劃，產能規模將達六千萬噸，主營業務收入達二千五百億元，其中，非鋼產業的產值目標是一千一百億元，超過總收入的百分之三十。二〇一三年，武鋼集團總利潤十七億元，非鋼產業的利潤高達三十點八億元。

無論城市處於工業化的何種階段，也無論未來經濟社會如何變化，製造業始終都是經濟增長的主要動力，是城市安身立命之本。武漢市委領導說：「不要擔心製造業會不會被淘汰，沒有夕陽的產業，只有夕陽的技術和夕陽的產品。傳統產業通過改造提升，可以做到永保活力。」

武鋼主要負責人表示：「鋼鐵企業生存危機將長期存在，有效應用危機、實現逆境崛起無捷徑可循，必須把變革創新作為突破困境的重要舉措。為

此，二〇一二年十一月，武鋼啟動了全員自主創新活動，制訂了《深化職工全貿自主創新活動管理辦法（試行）》，並設立了專項獎勵資金。

據介紹，一系列激勵政策的出台，極大地鼓舞了廣大職工立足崗位創新創效的熱情。截至二〇一三年年底，武鋼職工取得技術攻關成果三千餘項，職工提合理化建議一點六萬條，職工申報公司第五屆工人自主創新成果三百個；武鋼工人科技園與鄂鋼簽訂七項聯合技術攻關課題；建立職工創新工作室一百六十八個，完成攻關課題一千餘個，其中聯合焦化公司龔九宏工作室獲全國機冶建材系統模範創新工作室，朱有發等六個創新工作室獲武漢市職工創新工作室稱號。

世界上最薄鋼尺紀錄，即因武鋼而改寫。二〇一三年十二月之前，國內外鋼企均無法製造厚度低於二毫米的碳合金板帶鋼，而武鋼創造了歷史，成功地將這一板材厚度降到一點四毫米；並實現了小批量穩定生產此舉標誌著，過去年進口一百二十萬噸此類鋼材的歷史將隨之改寫。

後記

　　來湖北後，我一直有個疑問：大武漢到底什麼大？而且一直想搞明白。其實百年來，「大武漢」一詞流行境內外，而又沒有人說得清楚。我研究這一問題的想法得到了中共湖北省委常委、武漢市委書記阮成發的支持。我的同事楊希偉按我的想法帶領新華社湖北分社廖君、陳卓琬、曾祥超、王勃亮、熊俊瀟等記者、經濟學博士、分析師，經過為時兩個多月的深入調查研究，從歷史、現狀和發展前景三個維度，進行了歸納總結，最初是一份兩萬餘字的調查報告。這份報告在《長江日報》刊發後，引起了全社會關於「市民眼中的大武漢」，網民眼中的大武漢」、「專家眼中的大武漢」等熱門話題討論。

　　如今這篇分析報告幾經修改、完善並能最終出版，離不開相關單位、專家、學者和工作人員的大力支持和幫助。

　　在湖北人民出版社社長袁定坤的支持下，在武漢市委宣傳部、武漢市委政研室、武漢市政府研究室、湖北省社會科學院、武漢市社會科學院、湖北省交通廳、武漢東湖新技術開發區管委會等單位的幫助下，我們又在這份分析報去基礎上作了多次完善、補充。武漢市委宣傳部還專門組織專家對書稿進行了審訂，提出了寶貴的修改意見；武漢市委宣傳部部長李述永同志親自主持書稿審訂工作，對本書的出版給予了大力支持，在此特別表示感謝。

　　本書在撰寫出版過程中，還得到了《長江日報》總編輯陳光、武漢市委政研室副主任樊志宏、武漢市政府研究室副主任陶宏斌、武漢市廣播電視總台副台長雷喜梅、武漢市委宣傳部新聞處處長李平、武漢市委宣傳部新聞處副處長劉水平、湖北省社合科學院楚文化研究所所長張碩、武漢市社會科學院城市歷史與文化研究所所長張篤勤、武漢市社會科學院謝金輝等同志的大力支持和斧正，在此一併致謝。

社科文庫・區域經濟研究　AA102003

大武漢到底什麼大

作　　　者	梁相斌
版權策畫	李煥芹
責任編輯	呂玉姍
發 行 人	陳滿銘
總 經 理	梁錦興
總 編 輯	陳滿銘
副總編輯	張晏瑞
編 輯 所	萬卷樓圖書股份有限公司
排　　版	菩薩蠻數位文化有限公司
印　　刷	百通科技股份有限公司
封面設計	菩薩蠻數位文化有限公司

出　　版　昌明文化有限公司

桃園市龜山區中原街 32 號

電話 (02)23216565

發　　行　萬卷樓圖書股份有限公司

臺北市羅斯福路二段 41 號 6 樓之 3

電話 (02)23216565

傳真 (02)23218698

電郵 SERVICE@WANJUAN.COM.TW

大陸經銷

廈門外圖臺灣書店有限公司

　　電郵 JKB188@188.COM

ISBN 978-986-496-499-4

2019 年 3 月初版

定價：新臺幣 260 元

如何購買本書：

1. 轉帳購書，請透過以下帳戶

　合作金庫銀行 古亭分行

　戶名：萬卷樓圖書股份有限公司

　帳號：0877717092596

2. 網路購書，請透過萬卷樓網站

　網址 WWW.WANJUAN.COM.TW

大量購書，請直接聯繫我們，將有專人為您

服務。客服：(02)23216565　分機 610

如有缺頁、破損或裝訂錯誤，請寄回更換

國家圖書館出版品預行編目資料

大武漢到底什麼大 / 梁相斌.-- 初版.-- 桃園
市：昌明文化出版；臺北市：萬卷樓發行,
2019.03

　面；　公分

ISBN 978-986-496-499-4(平裝)

1.經濟地理　2.湖北省武漢市

552.2825　　　　　　　　　108003224

本著作物經廈門墨客知識產權代理有限公司代理，由湖北人民出版社授權萬卷樓圖書
股份有限公司(臺灣)、大龍樹(廈門)文化傳媒有限公司出版、發行中文繁體字版版權。